T0198716

essentials

essentials liefern aktuelles Wissen in konzentrierter Form. Die Essenz dessen, worauf es als „State-of-the-Art" in der gegenwärtigen Fachdiskussion oder in der Praxis ankommt. *essentials* informieren schnell, unkompliziert und verständlich

- als Einführung in ein aktuelles Thema aus Ihrem Fachgebiet
- als Einstieg in ein für Sie noch unbekanntes Themenfeld
- als Einblick, um zum Thema mitreden zu können

Die Bücher in elektronischer und gedruckter Form bringen das Expertenwissen von Springer-Fachautoren kompakt zur Darstellung. Sie sind besonders für die Nutzung als eBook auf Tablet-PCs, eBook-Readern und Smartphones geeignet. *essentials:* Wissensbausteine aus den Wirtschafts-, Sozial- und Geisteswissenschaften, aus Technik und Naturwissenschaften sowie aus Medizin, Psychologie und Gesundheitsberufen. Von renommierten Autoren aller Springer-Verlagsmarken.

Weitere Bände in der Reihe http://www.springer.com/series/13088

Sabine Wengelski-Strock

Organisationsent-wicklung aus der Praxis für die Praxis

Methoden und Beispiele praktischer Organisationsentwicklung

Sabine Wengelski-Strock
Beratung in der Arbeitswelt
Wuppertal, Deutschland

ISSN 2197-6708   ISSN 2197-6716   (electronic)
essentials
ISBN 978-3-658-31257-2   ISBN 978-3-658-31258-9   (eBook)
https://doi.org/10.1007/978-3-658-31258-9

Die Deutsche Nationalbibliothek verzeichnet diese Publikation in der Deutschen Nationalbiblio-
grafie; detaillierte bibliografische Daten sind im Internet über http://dnb.d-nb.de abrufbar.

Planung/Lektorat: Marion Krämer
Springer ist ein Imprint der eingetragenen Gesellschaft Springer Fachmedien Wiesbaden GmbH
und ist ein Teil von Springer Nature.
Die Anschrift der Gesellschaft ist: Abraham-Lincoln-Str. 46, 65189 Wiesbaden, Germany

Was Sie in diesem *essential* finden können

- Dieses *essential* bietet eine Praxisperspektive zur Organisationsentwicklung im Unternehmen.
- Es erläutert die Wichtigkeit einer partizipativen Unternehmenskultur.
- Es gibt Anregung, warum transparente Kommunikation im Unternehmen immer wieder Pflege braucht.
- Es stellt Methoden vor, mit denen Beteiligung an Veränderungsprozessen gelingen kann.

Vorwort

Dieses kleine Buch wurde möglich durch meine jahrelange Praxis als Supervisorin, Coach und Organisationsentwicklerin und meine theoretischen Auseinandersetzungen. Es wurde möglich durch viele Diskussionen und Gespräche mit Kolleginnen und Kollegen, besonders den Menschen, mit denen ich seit vielen Jahren im Psychoanalytischen Seminar Düsseldorf verbunden bin. Die Gedanken zur Konzeptentwicklung entstanden in der Kooperation mit Alfred Lohmann, Abteilungsleiter im Generalvikariat des Erzbistum Köln. Unterschiedliche Organisationsentwicklungsprozesse, die ich gemeinsam mit meiner Supervisorin-Kollegin Mia Esche-Dolfus-Mindak initiiert, begleitet und reflektiert habe, trugen zur Entstehung dieses *essentials* bei. Ihnen allen und meinem Lebensgefährten Achim Schäfers will ich an dieser Stelle für kritisches Hinterfragen und tragfähige Unterstützung danken.

Sabine Wengelski-Strock

Inhaltsverzeichnis

Über die Autorin

Sabine Wengelski-Strock hat das Beratungsunter-
nehmen Beratung in der Arbeitswelt gegründet und
berät seit über 25 Jahren Menschen in Arbeits-
zusammenhängen als Supervisorin DGSv, Coach
und Organisationsentwicklerin.

Einleitung – Menschen wollen zufrieden arbeiten

Arbeit ist für Menschen etwas Existentielles[1], denn Arbeit sichert verschiedene Grundbedürfnisse. Sie ist zielgerichtete Aktivität, die durch die Gesellschaft organisiert, strukturiert und geregelt wird. Die Anstrengung der Arbeit wird mit einer materiellen Gegenleistung honoriert. Arbeit fördert Identität und erfüllt psychische Grundbedürfnisse im Kontakt mit der Umwelt und mit anderen Menschen. Arbeit sichert Teilhabe am öffentlichen Leben in der Gesellschaft. Weil Arbeit so ein wichtiger Faktor für Menschen darstellt, lohnt es sich, einen Teilaspekt zu fokussieren: die Beteiligung von Menschen an Veränderungs- oder Entwicklungsprozessen in den Unternehmen oder Organisationen, in denen sie sich bewegen. Menschen sind keine „Schweizer Uhren", sondern Beziehungswesen, die über Beteiligung Bindung, Identität und Zufriedenheit entwickeln. Der darin liegende Gewinn für ein Unternehmen ist Leistungsbereitschaft und Loyalität.

Darüber hinaus erfüllt Arbeit im organisationalen Kontext eine weitere wichtige psychische Funktion: Sie dient der Milderung von Angst, durch Struktur und Regeln (Kinzel 2002, S. 39). Diese angstmildernde Funktion ist zwar durch die Veränderungen in der Arbeitswelt bedroht, ist jedoch nach wie vor Bestandteil beruflicher Arbeit. Die Berufswelt hat in den letzten Jahren an Komplexität zugenommen, neben den fachlichen Fähigkeiten werden von beruflich Handelnden Flexibilität, soziale und selbstreflexive Fähigkeiten erwartet, die aber nur begrenzt in der beruflichen Sozialisation entwickelt werden (Buchinger

---

[1]Auf die Problematik von bezahlter und nicht bezahlter Arbeit wird in diesem Rahmen nicht eingegangen.

1998, S. 126 ff.). So gesehen hat der Arbeitsbegriff sich ausgedehnt, „die gesamte Persönlichkeit muss mit vielfältigen Fähigkeiten in den Arbeitsprozess eingebracht werden" (Hausinger 2003, S. 207). Diese Situation verstärkt die Paradoxie in Organisationen. Hier wird einerseits das kreative Potenzial des Individuums zur Problemlösung genutzt, bei gleichzeitiger Geringschätzung dieser Individualität auf der anderen Seite. Daraus resultiert möglicherweise die gesteigerte Angst der Individuen. So erleben sie sich nicht genügend individuell und flexibel, und parallel dazu zu wenig angepasst, um in der Organisation, die alles mit den Mitteln des Controllings und der Effizienzprüfung normiert, zu überleben.

Daher ist die Perspektive auf die Chancen und die Risiken in Veränderungs-prozessen sinnvoll, damit erforderliche Entwicklung und Veränderung in angemessener Weise gelingen kann. Damit sind Führungskräfte oder solche, die es werden wollen, angesprochen, sich mit diesen Fragestellungen auseinanderzu-setzen und Anregungen für ihre Praxis zu gewinnen.

Wider die blinden Flecke – gezielte Organisationsentwicklung ist wichtig, gerade für kleine und mittlere Betriebe

2.1 Blinde Flecke

Für viele kleine und mittlere Unternehmen[1] ist Organisationsentwicklung[2], besser gesagt gezielte OE, oft kein Thema. Häufig fehlen das Bewusstsein und die personelle Ressource dafür. Viele Führungskräfte denken, sie haben den Überblick und wissen alles zu den relevanten Themen im Unternehmen. Das ist auch oft so, nur bleibt die Perspektive immer dieselbe und hat mittelfristig nachteilige Wirkung, weil neue Impulse ausbleiben. Selbstverständlich regeln sich viele Entwicklungs-Fragestellungen in KMUs im direkten Kontakt zwischen Führungskräften und Mitarbeitenden. Übrig bleiben die blinden Flecke, mit denen sich jeder eingerichtet hat, die deswegen nicht mehr wahrgenommen werden und dennoch im Unbewussten der Organisation wirksam bleiben:

- Blinder Fleck eins: Wettbewerbsvorteile sind oft nicht mehr über das Produkt zu erreichen, sondern über sehr guten Service. Service braucht immer wieder exzellente Qualitätskontrolle und überdurchschnittlich gute Kommunikation, beides fällt oft unter den Tisch.
- Blinder Fleck zwei: In KMUs gibt es keine eigene Abteilung für Organisations- und Personalentwicklung, die Weiterentwicklung im Fokus haben; daraus entsteht oft die Haltung: Brauchen wir nicht. Umso wichtiger ist, OE zur Chefsache zu machen, um am Ball zu bleiben.

---

[1]Im weiteren Text mit KMUs abgekürzt.
[2]Im weiteren Text wird Organisationsentwicklung mit OE abgekürzt.

© Der/die Herausgeber bzw. der/die Autor(en), exklusiv lizenziert durch Springer Fachmedien Wiesbaden GmbH, ein Teil von Springer Nature 2020
S. Wengelski-Strock, *Organisationsentwicklung aus der Praxis für die Praxis,* essentials, https://doi.org/10.1007/978-3-658-31258-9_2

- Blinder Fleck drei: In vielen Beratungen wird von qualifizierten und engagierten Mitarbeitenden mangelnde Wertschätzung und fehlenden Beteiligung an Veränderungsprozessen beklagt. Sie machen ihre Arbeit im Großen und Ganzen gerne, wünschen sich mehr Beteiligung und Wertschätzung. Es ist zu vieles selbstverständlich, nach dem Motto: „Keine Kritik ist Anerkennung genug." Damit wird wirkliche Zufriedenheit nur begrenzt erreicht und Mitarbeiterbindung aufs Spiel gesetzt. Mitarbeiterzufriedenheit ist ein hohes Gut.
- Blinder Fleck vier: Fachkräftemangel. Junge Menschen haben sehr differenzierte Vorstellungen von der Gestaltung ihres Arbeitslebens, demzufolge ist Arbeitgeberattraktivität so wichtig geworden. Diese Attraktivität drückt sich nicht allein in Bezahlung aus. Angemessene Bezahlung ist nur ein Faktor, sich für ein Unternehmen zu entscheiden. Ebenso wichtig sind Familienfreundlichkeit, transparente Kommunikation, partizipative Prozessgestaltung und aktive Wertschätzung.
- Blinder Fleck fünf: „Das haben wir doch schon immer so gemacht" und noch verstärkt: „Never change a winning team". Beide Sätze haben ihre Berechtigung – nur wird oft negiert, dass Veränderung lebensnotwendig ist, weil doch alles läuft.

Dementsprechend ist OE gerade für KMUs überlebenswichtig. Sie braucht Konzept und Steuerung. Steuerung organisatorischer Abläufe mittels gezielter Reflexion dessen, was abläuft oder ablaufen soll. Hierbei handelt es sich um eine Arbeit, die sich von der Alltagsarbeit unterscheidet und deswegen andere Fähigkeiten und Kompetenzen erfordert (Buchinger 1998, S. 54). Dabei ist es nützlich und sinnvoll, sich zeitweise Expertise von außen zu holen, damit Entwicklungsprozesse gut laufen. Menschen im Unternehmen konzentrieren sich auf die Inhalte, Experten für OE halten die Prozessstruktur und sichern gute Kommunikation. Die externe Expertise erweitert den Horizont und sorgt für frischen Wind, der vielen Unternehmen fehlt und guttun würde.

2.2 Verständnis von OE

Zentrale Zielsetzungen von OE sind gute Kommunikation im Unternehmen und eine auf Kooperation, Partizipation und Transparenz hin wirkende Unternehmenskultur. Gute Unternehmenskultur bedeutet:

- Klarheit in der Kommunikation,
- transparenter und konstruktiver Umgang mit Konflikten,

- partizipativer Führungsstil,
- Offenheit gegenüber Ideen der Mitarbeitenden,
- Wertschätzung der Leistungen im Unternehmen,
- Wahrnehmung und Beachtung der Kompetenzen im Unternehmen,
- Beteiligung an Entwicklungs- und Veränderungsprozessen.

Das muss im Unternehmen gewollt und sollte kein Feigenblatt sein. Eine derartige Kultur braucht Pflege und immer wieder eine reflexive Perspektive, um die bislang erarbeiteten partizipativen Strukturen nicht zu gefährden oder wieder in alte Fahrwasser zu geraten.

2.3   Externe Beratung

Gute und gesteuerte OE heißt nicht „um jeden Preis schneller, besser, weiter". Gute OE ist eine wertorientierte Unternehmensführung und Kultur. Das ist und bleibt fragil und muss nicht an schriftlichen Leitbildern gemessen werden, sondern an der gelebten Praxis. Externe Beratung kann KMUs in diesem Bereich der OE gut unterstützen. Die fachliche, inhaltliche und wirtschaftliche Weiterentwicklung kann ein Unternehmen in aller Regel gut selbst leisten, dafür gibt es Expertise im Unternehmen. Für den Teil der Prozesssteuerung im kommunikativen Bereich tun KMUs gut daran, sich externe Unterstützung einzukaufen, weil diese

- leichter kritische Dinge ansprechen kann,
- mit der Expertise des „nicht Wissens" das Unternehmen betritt,
- weniger emotional verbunden oder verstrickt ist,
- weil ihre Kompetenz in der Moderation komplexer Prozesse liegt und
- sie das Unternehmen nach getaner Arbeit auch wieder verlässt.

Externe Berater sind Sparringspartner auf Zeit, sie verlassen das Unternehmen wieder (Höfler u. a. 2012, S. 208). OE in diesem Sinne stärkt ein Unternehmen. Sie gibt größere Klarheit über die gemeinsame Richtung und darüber, wo die Differenzen liegen. Beides ist wichtig: Verständigung über Gemeinsamkeit und über Differenz. Es ist gut als Chef zu wissen, wo die Widersprüche liegen, worin sie sich begründen und wie sie für die Weiterentwicklung ihres Unternehmens genutzt werden können. Einerseits, wenn Widersprüche nicht ausgesprochen werden, wirken sie dennoch. Werden sie ausgesprochen, kann damit gearbeitet werden.

2.4   Aufbruchstimmung erzeugen

OE lebt von hoher Mitarbeiterbeteiligung und von der Nachvollziehbarkeit von Veränderungen. Es macht wenig Sinn, Veränderungen am grünen Tisch zu beschließen und zu erwarten, dass die Mitarbeitenden diese dann mit Schwung umsetzen. Die Erfahrung zeigt vielmehr, dass so großer Widerstand erzeugt wird. Selbstverständlich können und wollen Mitarbeitende nicht an allen Entscheidungen beteiligt werden. Es ist die Freiheit des Denkens, die neue Wege eröffnet (Serhane 2008, S. 166). Unternehmerische Entscheidungen bleiben unternehmerische Entscheidungen. Gut und richtig ist jedoch, wenn die Expertise der Mitarbeitenden bei Veränderungsprozessen in manchen Bereichen als Grundlage für unternehmerische Entscheidungen genutzt wird.

Das A und O ist diese Informations- und Entscheidungskaskade:

- Informieren – hier gibt es nichts mehr zu diskutieren, sondern hier ist die daraus folgende Handlung gefragt. Damit ein offenes und gutes Betriebsklima erhalten bleibt, ist eine möglichst klare und nachvollziehbare Information, die frühzeitig erfolgt, ausgesprochen wichtig. Häufig wird Information zu spät gegeben, was zulasten eines offenen Klimas geht. Für Führungskräfte ist bei der Informationsweitergabe wesentlich, sachliche Nachfragen zuzulassen, sich jedoch nicht in nutzlose Diskussionen verwickeln zu lassen. Bei Information ist die Unterscheidung zwischen Management und Leadership zu beachten; darauf gehe ich im Kapitel Widerstand ein.
- Beraten – an diesem Punkt sind Mitarbeitende erwünscht, die ihre Erfahrungen, Gedanken und ihr Wissen zu relevanten Fragestellungen im Unternehmen zur Verfügung zu stellen. Über diesen Weg werden Mitarbeitende in Veränderungsprozesse direkt eingebunden. Transparenz ist hier besonders wichtig. Gedanken und Wissen sind gefragt und werden für Entscheidungen genutzt. Dennoch bleibt die Entscheidungsmacht und die Entscheidungsverantwortung bei der Unternehmens- oder Organisationsleitung.
- Entscheiden – in Teilbereichen ist Entscheidungskompetenz der Mitarbeitenden wertvoll, besonders dann, wenn die Kompetenzen vor Ort gut genutzt werden und an übergeordnete Prozesse anschließen. Dieser entscheidende Faktor, den eigenen Arbeitsbereich tatsächlich mitgestalten zu können, führt zu einer großen Arbeitszufriedenheit bei Mitarbeitenden.

Die nachfolgende Beschreibung der unterschiedlichen Methoden verdeutlicht, auf welchen Wegen Menschen in Weiterentwicklungs- und Veränderungsprozesse eingebunden werden können und wie schon zu Beginn von OE-Prozessen die

Perspektive von Mitarbeitenden erfragt und genutzt werden kann. Derartige Beteiligungsweisen erzeugen fast immer Aufbruchstimmung und bei Mitarbeitenden den Eindruck, wir werden „mitgenommen" – ein nicht zu unterschätzender Aspekt bei Veränderung. Eines kann hierbei nicht oft genug betont werden: Diese Beteiligung muss von der Führungsseite wirklich, wirklich ernst gemeint sein. Sonst wird nur größere Frustration und Enttäuschung produziert und ein vermutlich ohnehin schon labiles Klima im Unternehmen verschlechtert sich weiterhin.

Die Entscheidung, Mitarbeitende unmittelbar und direkt an Veränderungsprozessen zu beteiligen, muss durch die Unternehmensleitung gut überlegt sein, damit nicht Erwartungen geweckt werden, die später nicht erfüllt werden können. Oft besteht auf der Führungsseite die Sorge oder auch Angst, Mitarbeitende würden wohlmöglich Dinge einfordern, die nicht erfüllbar seien, Mitarbeitende könnten die Dinge nicht richtig beurteilen, weil ihnen der Überblick fehle, es würden sich sowieso nur die Querulanten äußern... diese Liste der Bedenken und Killerargumente lässt sich fortsetzen.

Dem gegenüber zeigt die Praxis, dass Veränderungsprozesse mit hoher Mitarbeiterbeteiligung einen großen Gewinn darstellen. Konkret wird sichtbar, wie sehr Mitarbeitende mit ihrer Arbeit identifiziert sind, wie Interesse und Engagement entstehen und wie viele kluge Gedanken und Ideen Mitarbeitende entwickeln, wenn sie nur gefragt werden.

Veränderung gestalten – praktische Methoden für Organisationsentwicklung

3

Die folgenden Methoden, anders gesagt Vorgehensweisen, eignen sich vorzüglich, um einen haltenden Rahmen zu geben, in dem Veränderungsideen entstehen können. Die Entscheidung für den einen oder anderen methodischen Weg liegt einerseits in der persönlichen Präferenz und in den feinen Nuancen der Passung zur Ausgangssituation.

3.1 World Café – einladender Auftakt für Veränderung

Die Großgruppen-Methode World Café (Brown und Isaacs 2007) bietet sich für Auftaktveranstaltungen mit vielen Menschen sehr gut an; die Mindestgröße liegt bei etwa 12 Menschen. Für die Arbeit in Unternehmen und Organisationen wurde die Methode angepasst. Die folgenden Aspekte sprechen für den Erfolg der Methode:

Alle kommen über wichtige Fragen ins Gespräch. Virulente und zukunftsweisende Fragen werden benannt und haben Platz. Mit wenig Aufwand und unter professioneller Anleitung wird ein sicherer Rahmen geschaffen, um die unterschiedlichen Sichtweisen aller Mitarbeitenden auf ein Thema oder eine Fragestellung hin kennenzulernen. Dieser Schritt zeigt, dass Menschen sehr differenzierte Herangehensweisen an ein Thema haben – bei Veränderung ein nicht zu unterschätzender Punkt. Die Anerkennung unterschiedlicher Sichtweisen ermöglicht die Etablierung neuer kooperativer Handlungswege. Die Möglichkeit, genau hinzuhören, zu hinterfragen, konstruktiv zu diskutieren und gemeinsam an Lösungsideen zu arbeiten, wird geschaffen.

Menschen werden über gezielte Fragestellungen für den Arbeitsalltag konstruktiv miteinander ins Gespräch gebracht. Nachdenken über Ziele und gemeinsames Vorgehen verbindet. Engagement und Bereitschaft zur Mitwirkung an Veränderungsprozessen werden geweckt.

Hohe Mitarbeiterbeteiligung und die Arbeit in Kleingruppen fördert die Selbstorganisationsfähigkeit und unterstützt die Selbstwirksamkeit dadurch, dass Mitarbeitende gehört und beteiligt werden. Der Schwerpunkt des World Cafés liegt darin, dass sich gut Aufbruchstimmung herstellt.

Alle Großgruppenmethoden leben von guter Vorbereitung. Ein World Café kann unterschiedlich lang dauern, abhängig von der Anzahl der beteiligten Menschen und den Fragestellungen. Die Literatur spricht von 45 min bis zu drei Stunden. Die Zeit muss den Fragestellungen entsprechen. Externe Moderatoren planen mit der Leitung oder einer Vorbereitungsgruppe, welche Fragestellungen formuliert und bearbeitet werden sollen. Notwendig ist ein genügend großer Raum, um störungsfrei an Tischgruppen für sechs bis acht Menschen sprechen zu können. Jeder Tisch wird mit einer beschreibbaren Tischdecke bedeckt, z. B. mit Packpapier. Hinzu kommen zwei bis drei dicke, verschiedenfarbige Stifte und die grundlegenden World Café Spielregeln, als kurze schriftliche Erinnerung:

- Konzentrieren Sie sich auf das Jetzt.
- Lassen Sie andere an Ihren Erfahrungen teilhaben.
- Hören Sie Ihren Gesprächspartnern gut zu und lassen Sie sie aussprechen.
- Nehmen Sie auch die Zwischentöne wahr.
- Sammeln Sie Ideen und schaffen Sie Verbindungen.
- Kritzeln, malen schreiben Sie auf die „Tischdecke". Viel Spaß.

Um den einladenden Charakter zu unterstreichen, sind z. B. Blumen oder kleine Süßigkeiten auf den Tischen erwünscht. Die Moderatorin führt in die Arbeitsweise ein, erläutert den Ablauf und weist auf die Verhaltensregeln hin. Es ist gut, wenn für jeden Tisch ein Tischverantwortlicher gefunden wird, der für ein gutes Gesprächsklima sorgt, mehr ist nicht nötig. Er ist nicht für Ergebnisse verantwortlich. Es empfiehlt sich, die Führungskräfte eine gesonderte Gruppe bilden zu lassen. Im weiteren Verlauf werden zwei oder drei unterschiedliche Fragen in aufeinanderfolgenden Gesprächsrunden von 15 bis 45 min an allen Tischen bearbeitet. Zwischen den Gesprächsrunden mischen sich die Gruppen neu. Die beschriebenen Tischdecken (siehe Abb. 3.1) werden zwischen den Gesprächsrunden aufgehangen und so allen Teilnehmenden zugänglich gemacht und von allen gelesen. Das World Café schließt mit einer moderierten Reflexionsphase ab.

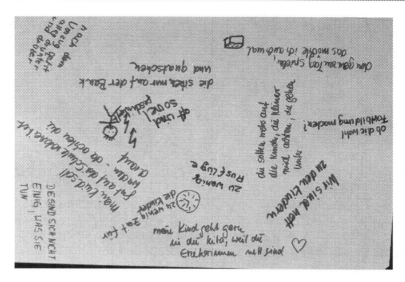

Abb. 3.1 Tischdecke World Café

Die richtigen Fragen führen im World Café zum Erfolg. Sie dienen als Einstieg ins Thema und sind einfach, offen formuliert und haben einladenden Charakter. In der Choreografie eines World Cafés bauen die Fragen aufeinander auf:

Die erste Frage eröffnet das Thema, sammelt und analysiert. Sie lädt dazu ein, möglichst umfassend die Informationen und Ideen zum Thema zusammenzutragen.

Anschließend sind die zweiten und dritten Fragestellungen eher engführend und handlungsorientiert gestellt.

In den Tischgesprächen entstehen viele Ideen, Erkenntnisse und oft auch konkrete Vorschläge. Um diese Vielfalt in der Schlussphase wieder zusammenzuführen und auch die Vernetzung der Gedanken zu unterstreichen, gibt es mehrere bewährte Vorgehensweisen, beispielsweise:

- „Botschafter" fassen die wichtigsten Ergebnisse ihres Tisches zum Schluss stichwortartig zusammen,
- alternativ geht ein „Reporter" von Tisch zu Tisch und sammelt Eindrücke ein.
- Die Teilnehmenden priorisieren zentrale Themen, Ideen, Lösungsansätze mit Klebepunkten.

Am Ende nehmen Führungskräfte des Unternehmens oder der Organisation Stellung: Sie schildern ihre Eindrücke und sichten die Ergebnisse. World Café eignet sich hervorragend um

- unterschiedliche Sichtweisen zusammenzuführen, z. B. bei anstehenden Veränderungsprozessen,
- innerhalb kurzer Zeit einen Handlungsplan zu entwerfen,
- gemeinsam Strategien zu entwickeln,
- erarbeitete Vorschläge zu diskutieren und zu verbessern,
- Projekt-Kick-off oder -Abschluss zu bilden.

Praxisbeispiel
Eine große Kindertageseinrichtung wurde baulich saniert. Trotz des neuen Hauses kamen mit Wiederaufnahme des Regelbetriebs viele Elternbeschwerden, im ganzen Haus entstand schlechte Stimmung und führte zu Spaltungen im Team. Mit der Leitung wurde ein größer angelegter OE-Prozess geplant, dessen Auftakt ein World Café bildete. Folgende Fragen wurden formuliert:

- Was denken die Eltern über uns und unsere Arbeit?
- Was denken wir über uns und unsere Arbeit?
- Was denkt unsere Leitung über uns und unsere Arbeit?[1]

Die Fragen wurden in wechselnd besetzten Gruppen in drei Runden besprochen, die Leitung bildete eine eigene Gruppe. Am Ende standen 18 Plakate mit differenzierten, stimmigen Aussagen zu den oben genannten Fragen. Die Mitarbeitenden nutzen diese Methode intensiv. Zum Abschluss äußerten sich die Mitarbeitenden überwiegend positiv, sie fühlten sich in ihrer Unterschiedlichkeit gehört, Themen wurden priorisiert.
   Eine divers besetzte Arbeitsgruppe (kritische und weniger kritische, alte und junge Mitarbeitende, kurze und lang anhaltende Teamzugehörigkeit) erarbeitete im weiteren OE-Prozess Lösungsansätze. Über dieses Vorgehen wurde in kleinen Schritten größere Akzeptanz im Haus erzielt. Dieser Prozess war nicht störungsfrei, konnte aber durch die dauerhafte Mitarbeiterbeteiligung immer wieder nachgesteuert werden.

---

[1]Die Fragestellung wurde mit meiner Kollegin M. Esche-Dolfus-Mindak erarbeitet.

3.2 Kreuzfahrt Veränderung – Arbeit mit den Bodenbrett

Interne Veränderungen sind große Herausforderungen, denn Veränderung geschieht im laufenden Arbeitsprozess, so wie große Schiffe auch auf hoher See nach und nach renoviert werden. Bei Veränderungsprozessen bewältigen Leitung und Mitarbeitende zwei große Aufgaben gleichzeitig:

- die alltägliche Arbeit und
- die Steuerung und Umsetzung der Veränderung.

Nicht selten scheitern Veränderungsabsichten an dieser Komplexität sowie an der Neigung, am Alten festzuhalten (Doppler et al. 2017, S. 4 ff.), an mangelnder Zeit, Veränderung gut zu durchdenken. Dieser Mangel zeigt sich dann in schwindender Motivation von Mitarbeitenden und Führungspersonen. Nach dem Motto: „Jedes Jahr wird eine neue Sau durchs Dorf getrieben" wird abgewartet, schlimmstenfalls boykottiert. Das erhöht die Kosten in Veränderungsprozessen, personell und finanziell. Mitarbeitende verlieren unter Umständen ihre Arbeitszufriedenheit, verlassen das Unternehmen. Daher müssen bei Veränderungen mehrere wichtige Punkte fokussiert und gesteuert werden:

- die Zielerreichung,
- der dynamische Prozessverlauf,
- die Befindlichkeiten der Mitarbeitenden,
- die Widerstände managen,
- unterschiedliche Persönlichkeiten ins Boot holen,
- Projektmanagement aktiv betreiben,
- Fehlermanagement im laufenden Prozess als Fehlerkultur pflegen.

Das Bild des Schiffes veranschaulicht notwendige Gemeinsamkeit und Unterschiedlichkeit, damit Veränderung gelingen kann. Die folgende Methode greift dieses Bild auf. Auf einem Bodenbrett werden mit Hilfe von Booten, Figuren und unterschiedlichen Stationen wesentliche Aspekte und Hindernisse von Veränderungsprozessen plastisch dargestellt (siehe Abb. 3.2). Die unterschiedlichen Akteure werden aktiv in weiterreichende Überlegungen einbezogen.

Die Arbeit mit dem Changesetter Bodenbrett visualisiert einen Prozessverlauf und entwickelt horizonterweiternde Perspektiven und Lösungsansätze. Es kann für folgende Praxissituationen eingesetzt werden:

Abb. 3.2 Changesetter Bodenkreis

- in der Begleitung konkreter Veränderungsprozesse,
- im Coaching oder in Führungskräftetrainings.

Veränderungsprozesse aktivieren unterschiedliche Kompetenzen bei Mitabeitenden. Sie sind Vorantreiber für den Schwung und denken Prozesse nach vorne. Mit ins Boot müssen Überzeuger, die andere gewinnen, Analysten und Entscheidungsfreudige. Sonst ist es wie mit dem Sprung vom Dreimeterbrett: Zaudert der Sprungwillige zu lange, springt er am Ende gar nicht. Auch wenn der Sprung nicht elegant wird: Wichtig ist der Sprung. So verhält es sich mit Veränderungen. Bei etlichen Prozessschritten ist bei noch so guter Planung am Beginn nicht klar, ob die Entscheidungen richtig sein werden. Ebenso wichtig sind Transparenz und Klarheit in der Kommunikation. Auch unangenehme Entscheidungen brauchen klare Kommunikation. Wird etwas Kritisches oder Unangenehmes gesagt, helfen auch keine „roten Schleifen", um Unangenehmes zu kaschieren oder zu vernebeln. Hier ist Transparenz von Nöten. Nicht zuletzt ist die Bereitschaft, Fehler zu machen, Erfahrungen zu sammeln, bedeutsam. Entwicklung ist immer ein iterativer Prozess, niemals gradlinig.

Praxisbeispiel 1
Wortwörtlich zeigte ein Workshop mit Führungskräften, wie wichtig es ist, Betroffene mit ins Boot zu holen. Eine größere Abteilung einer Klinik plant ein neues, innovatives Projekt. Die Oberärztin und die Stationsleitung als Projektver-

antwortliche sind Feuer und Flamme. Doch das Projekt kommt nicht in Schwung. Die Stationsleitung ist ratlos. Sie wird gebeten, den Stand des Projektes mit den Akteuren auf dem Bodenbrett darzustellen.

Die Ideengeberin, die leitende Ärztin, schwimmt vor dem Boot her, ist offensichtlich viele Schritte weiter als alle anderen. Die Projektverantwortliche hat nur eine Mitstreiterin mit im Boot, alle anderen sind unterwegs ausgestiegen, haben den Sinn der Veränderung nicht verstanden oder sehen keine Notwendigkeit darin. Die Zusammenarbeit mit der verantwortlichen Ärztin gestaltet sich schwierig. Durch die Visualisierung und die Fragen aus der Gruppe stellt sich heraus, dass die Projektbedingungen nicht geklärt waren. Intransparente Kommunikation von Beginn an und das Fehlen weiterer Entscheider legten das Projekt lahm. Das Brett eröffnete der Projektverantwortlichen eine plastische Sicht auf die konkrete Situation und ermöglichte neue Handlungsoptionen – ein kreativer Denkprozess, von dem auch die anderen Teilnehmenden profitierten.

Praxisbeispiel 2
In einem OE-Prozess wurde für die Führungskräfte eines Unternehmens das Bodenbrett genutzt, um den Entwicklungsstand in allen Abteilungen zu visualisieren. Für alle Abteilungen gab es seit einiger Zeit Leitungskräfte mit beschriebenen Kompetenzen; damit sollte die Entscheidungs- und Leitungskompetenz gestärkt werden. Die Führungskräfte stellten nun, mittels der Boote und deren Positionierung auf dem Brett, dar, wo sie und ihre Abteilung in der Neuausrichtung des Unternehmens standen. Diese Form der Visualisierung zeigte zweierlei: Wo und wie hatten die Leitungskräfte Position bezogen und wie hatten die Mitarbeitenden reagiert. Für einige Leitungskräfte verdeutlichte sich, wo sie selbst unklar waren. Gleichzeitig stärkte der Austausch die Gemeinsamkeit der Leitungskräfte und schuf ein deutliches Bewusstsein für die Rolle als Führungskraft.

3.3 Zukunftswerkstatt – eine Ideenschmiede

Die Unterschiede zum World Café sind in Nuancen zu finden, eine Zukunftswerkstatt (Jungk und Müllert 1989) lässt sich auch sehr gut in laufenden Prozessen einsetzen oder wenn die Aufgabe schon klarere Kontur zeigt.

Ein zentraler Gedanke der Zukunftswerkstatt liegt darin, Betroffene von Fragestellungen, Aufgaben, Problemen und Veränderungsnotwendigkeiten mit in die notwendigen Prozesse einzubeziehen. Damit wird die Expertise der Betroffenen wertgeschätzt und genutzt. Ein weiterer Grundgedanke ist die Kooperation auf Augenhöhe. Alle Teilnehmenden begreifen sich als Lehrende und Lernende. Ein dritter Gedanke ist der Werkstattbegriff. Es gibt kein fertiges, vorgegebenes Ergebnis, sondern es wird ein gemeinsamer Probier- und Suchprozess initiiert. Im Rahmen vorbereiteter Fragestellungen werden gemeinsam Bestandsaufnahme, Zukunftsideen, Ziele und Maßnahmenideen entwickelt. Hierdurch wird das Vertrauen in die eigene Wirksamkeit geweckt und die Kraft des gemeinsamen Denkens und Handelns gestärkt. Zukunftswerkstätten sind partizipative Prozesse.

Die Wahl des Themas, die Gestaltung des Raumes und die Kriterien für die Gruppenbildung geben den Rahmen für eine gute Arbeitsatmosphäre und gegenseitiges Vertrauen, ebenso die transparente inhaltliche, methodische sowie zeitliche Planung.

In definierten Untergruppen werden im ersten Schritt Zufriedenheit und Stolz auf Gelungenes sowie Unmut, Kritik und negative Erfahrungen zum gewählten Thema geäußert. Hier ist weniger eine Problemanalyse als vielmehr eine Bestandsaufnahme für die Weiterarbeit gefragt. Die Ergebnisse werden visualisiert und allen Teilnehmenden durch einzelne Repräsentanten aus den Gruppen vorgestellt.

Im Folgenden werden die wichtigsten und interessantesten Themen ausgewählt und in neuen Kleingruppen bearbeitet. Jetzt ist die Kreativität jedes Einzelnen gefragt, damit Kritik ins Positive gewendet werden kann. In den Gruppen wird möglichst frei und ohne Denkverbote gearbeitet, die Schere im Kopf beiseitegelegt. Am Ende werden die Ergebnisse visualisiert oder als Spielszene vorgestellt.

Nun kann im Plenum meist abgeschätzt werden, was realisierbar ist. Je nach Zeitrahmen werden erste Gewichtungen vorgenommen oder Umsetzungspläne entwickelt. Wichtig ist, dass Ziele, Vorgehensweisen und Ergebnisse noch einmal zusammengefasst und unter der Überschrift: „Wie geht es weiter?" geordnet werden. Die Zukunftswerkstatt schließt mit Feedback.

Praxisbeispiel
Zwei kleinere Kindertageseinrichtungen sollen zu einer größeren zusammengelegt werden. Dies bedeutet eine große Umstellung für Eltern, Erzieherinnen und Kinder, die in ein neues großes Haus umziehen werden. Um die neue Zusammenarbeit der beiden bisherigen Teams in einem großen Team gut vorzubereiten, wurde eine Zukunftswerkstatt mit allen Mitarbeitenden geplant.

Für die Bestandsaufnahme blieben zunächst die Teams unter sich. Sie sammelten, was in ihren jeweiligen Einrichtungen gut funktionierte, worauf sie stolz waren und was verbesserungswürdig erschien. Dafür bot der Start in der neuen Einrichtung eine gute Gelegenheit, sich von alten, schwerfälligen Abläufen und Ideen zu verabschieden und Neues zu probieren. Die Bestandsaufnahme wurde allen vorgestellt. Die beiden Teilteams stellten fest, wo die Gemeinsamkeiten einerseits und die Unterschiede andererseits liegen. Darüber hinaus zeigte sich, dass in jeder Einrichtung „mit Wasser gekocht wurde". Fantasien übereinander wurden so überprüft.

Dann wurden die wichtigen Themen identifiziert und dazu Arbeitsgruppen gebildet, die sich aus beiden Teams zusammensetzten. In dieser Arbeitsphase lernten sich die neuen Kolleginnen über die gemeinsame inhaltliche Arbeit kennen.

Als erstes Zusammenarbeiten wurde dieser Tag von allen Beteiligten als gelungen bewertet, die Mehrheit freute sich auf die weitere gemeinsame Arbeit. Die erste Skepsis war überwunden.

3.4   Open Space – die Kreativität aller nutzen

Open Space (Maleh 2002) ist ebenfalls eine Großgruppenmethode, die sich für 50 bis 500 und mehr Teilnehmende eignet. In kurzer Zeit wird zu einem umfassenden Thema gearbeitet. Im Unterschied zu den beiden anderen Methoden ist hier der größte Raum zur Selbstorganisation gegeben. Für OE-Prozesse wurde diese Großgruppenmethode adaptiert. Der Schwerpunkt liegt darauf, einen methodisch stabilen Rahmen zu schaffen, in dem viele Menschen selbstorganisiert und selbstverantwortlich ihre Anliegen gemeinschaftlich bearbeiten. Jeder kann sein Anliegen unter der gemeinsamen Überschrift vorbringen. So entsteht ein großer, vielfältiger „Themen-Marktplatz", auf dem sich Teilnehmende mit gleichen Interessen zu Gruppen für eine definierte Zeit zusammenschließen.

Im Arbeitszusammenhang sind das die Themen, die aus dem Arbeitsalltag heraus entstehen, über die Mitarbeitende nachdenken, sich ärgern oder freuen, zu denen sie Verbesserungsideen im Kopf haben. Es sind komplexe Themen, die im Arbeitsbezug direkt und persönlich sind und nur mit der Kreativität vieler gelöst werden können. Aus diesen Gründen bietet sich Open Space an, so etwas wie einen Anschub zu schaffen, der im Alltag die gefundenen Lösungsansätze leichter weiterverfolgen lässt.

Laut Literatur dauert ein Open Space einen bis drei Tage. Der letzte halbe Tag dient der Auswertung und Handlungsplanung. Die Erfahrung zeigt, dass viel kürzere Open Spaces durchgeführt werden können, oft ist ein umfangreicher Zeitrahmen in der Praxis nicht zu stemmen.

Die Eckpunkte der Methode, die Prinzipien und Gesetze des Open Space kommen etwas „blumig" daher. Das ist gewollt und nötig, um gewohnte Denk- und Handlungsmuster, die bei großen Konferenzen im Normalfall zum Tragen kommen, unterbrochen werden. Open Space basiert auf vier Prinzipien, die kurz zusammengefasst so formuliert sind:

- Einer oder viele: Wer auch immer kommt, es sind die richtigen Leute.
- Unerwartetes ist kreativ und nützlich: Was auch immer geschieht, es ist das Einzige, was geschehen konnte.
- Wichtig ist die Energie: Es beginnt, wenn die Zeit reif ist.
- Vorbei ist vorbei: Wenn die Zeit um ist, endet auch die Energie.

Bei diesen vier Prinzipien wird auf das „Jetzt" gesetzt und es werden viele bekannte, gewohnte Regeln für Gruppenarbeit außer Kraft gesetzt. Das erhöht einerseits die Irritation bei Menschen und setzt andererseits genau das kreative Potenzial frei, das gebraucht wird.

- Zwei Füße – ein Gesetz: Das Gesetz der zwei Füße ist Ausdruck der Freiheit und Selbstverantwortung für jeden Teilnehmenden. Jede bleibt nur so lange in einer Gruppe, wie sie es für sich als sinnvoll erachtet, nur so lange, wie sie etwas lernen oder beitragen kann und will. Die Erfahrung zeigt, dass dies eine der schwierigsten Spielregeln für einen Open Space ist, weil wir es anders gelernt haben und gewohnt sind.
- Hummeln und Schmetterlinge: Wenn Menschen das Gesetz der zwei Füße anwenden, zeigen sich Verhaltensweisen, die metaphorisch als „Hummeln" und „Schmetterlinge" bezeichnet werden. Hummeln flattern von Gruppe zu Gruppe und bilden durch häufige Gruppenwechsel Brücken zwischen den Themen. Sie tragen, bildlich gesprochen, den Blütenstaub der Themen weiter. Die Schmetterlinge bleiben bei einem Thema und treiben dieses voran.

Mit der Vorbereitung im Unternehmen oder der Organisation wird das übergreifende Thema festgelegt. Wie komplex die Überschrift sein kann, bestimmt die Leitung des Unternehmens gemeinsam mit der Moderatorin des Open Space und richtet sich danach, wie viel Zeit zur Verfügung steht. Vorab muss gut geklärt sein, wie nach dem Open Space der Prozess weitergeht, z. B. welche personellen, zeitlichen und finanziellen Ressourcen zur Verfügung stehen. Dieser gesteckte Rahmen ist wichtig, damit nicht unerfüllbare Wünsche geweckt werden. Zur guten Vorbereitung gehört auch, ausreichend Räume, Papier, Stift, Klebeband, Stellwände zur Verfügung zu stellen. Je nach Größe und Dauer eines Open Space werden zusätzlich zur Moderatorin weitere helfende Hände gebraucht, damit der Ablauf reibungslos erfolgten kann. Wie differenziert während des Open Space gearbeitet werden kann, entscheiden die Teilnehmenden, ebenso was sie betrifft und was ihr tatsächliches Interesse geweckt hat.

Zu Beginn sitzen alle Teilnehmenden in einem Kreis. Eine Leitungsperson aus dem Unternehmen oder der Organisation führt in das Thema ein. Die Moderatorin des Open Space erläutert das Verfahren und „öffnet den Raum", indem sie einladend an die Einführung durch die Unternehmensleitung anknüpft. Hier ist gute Absprache zwischen Moderatorin und Unternehmensleitung sehr wichtig. Die Moderatorin geht im Innenkreis herum und ist für alle präsent und sichtbar. Der Kreis ist das unausgesprochene Symbol für die Gleichwertigkeit der Ideen und Gedanken, der kreativen Impulse, die die Teilnehmenden einbringen sollen. Es gibt niemanden, der einen Plan in der Tasche hat. Die Inhalte ergeben sich aus den Anliegen der Teilnehmenden. Ein Open Space setzt bei der Eigenverantwortung der Teilnehmenden an. Sie werden aufgefordert, für ihre Interessen Verantwortung zu übernehmen und sich dazu zu organisieren. Welche Ideen weiterverfolgt werden, wie groß oder wie klein die Interessengruppen werden, all das sind ausschließlich die Entscheidungen der einzelnen Individuen. In der Mitte des Kreises liegen ein Stapel Papier und mehrere dicke Stifte. Nun werden die Anwesenden von der Moderatorin eingeladen, ihre Themen, Ideen und Anliegen jeweils mit einem Satz oder Stichwort auf ein Blatt zu schreiben. Ganz wichtig: Diese Stichworte werden nicht kommentiert oder bewertet. Diejenige Person, die eine Idee aufschreibt, ist im nächsten Schritt verantwortlich dafür, dass in der Gruppenarbeitsphase an dieser Idee gearbeitet wird und die Gedanken schriftlich festgehalten werden. Sie ist nicht für die Qualität des Ergebnisses verantwortlich. Für die Themen/Ideen-Sammlung ist ausreichend Zeit einzuplanen. Oft dauert es am Anfang einige Minuten, bis jemand die Initiative ergreift und als erstes sein Thema platziert.

Marktplatz: An einer großen Packpapier-Wand werden einzelnen Blätter mit den Anliegen den verfügbaren Arbeitsräumen und Zeitfenstern zugeordnet, abhängig davon, wie viel Zeit insgesamt zu Verfügung steht. Bei mehr Zeit können zwei Durchläufe für die Themen/Anliegen eingeplant werden. Bei wenig Zeit sind die Teilnehmenden gezwungen, sich zunächst für ein Thema zu entscheiden. In der Marktphase wird darüber verhandelt, wer sich welchem Thema zuordnet, manchmal werden in dieser Phase aus zwei Anliegen eines und Vertreter von ähnlichen Ideen schließen sich zusammen.

Gruppenphase: Die Teilnehmenden arbeiten in dieser Zeit selbstorganisiert, geleitet vom Gesetz der zwei Füße, den Hummeln und Schmetterlingen und den weiteren Prinzipien des Open Space. Menschen, die sich zunächst für ein Thema interessierten, dürfen und können die gewählte Gruppe auch wieder verlassen, wenn es ihnen entspricht. Dies ist eine der größten Hürden, sich diese Freiheit zu gönnen, weil sie den gewöhnlichen Regeln von Gruppenarbeit widerspricht. Die Ergebnisse sollen festgehalten werden.

Nach der vereinbarten Gruppenarbeitsphase werden die Ergebnisse an Dokumentationswänden für jeden sichtbar aufgehängt. Alle werden eingeladen, sich die Ergebnisse anzuschauen und in informelle Gespräche dazu zu kommen.

Mit einer Schlussrunde wird der Open Space beendet. Je nach Organisations- und Abhängigkeitsgrad der Teilnehmer werden nun die Vereinbarungen zur Weiterarbeit besprochen und die nächsten Schritte aufgezeigt. Die Topthemen können aufgegriffen und konkretisiert werden. Wichtig ist, auch die weniger beachteten Themen wertschätzend zu behandeln.

Praxisbeispiel

In einer großen kirchennahen Organisation treffen sich alle Führungskräfte, auch aus den Filialen, regelmäßig zu einem Informations- und Erfahrungsaustausch alle acht Wochen. Aufgrund der sich verändernden Landschaft in der Kirche war das Ziel der Leitungsebene, neue Ideen für die zukünftigen Anforderungen einzuholen, die in einer Praxisphase erprobt werden sollten. Geeignete Rahmenbedingungen wurden im Vorfeld dazu geschaffen. Eine Steuerungsgruppe für die Mittelvergabe und weitere Gestaltung der Rahmenbedingungen für die Umsetzungsphase wurde gebildet.

Die Zeitressource für den geplanten Open Space war sehr knapp bemessen. Die Führung stellte zu Beginn ihre Absichten und Gedanken vor. Die Moderatorin erklärte die Methode und inszenierte den Start. Alle Ideen, auch alte, schon verworfene Ideen und Gedanken, konnten Raum bekommen, es wurde niemand darauf verpflichtet, seine Ideen auch umsetzen zu müssen. Es sollte ein großes, ausführliches Brainstorming werden. Am Ende würden einige Ideen vorliegen, die mit Sicherheit Umsetzung finden würden. Die vorab bestehende Sorge der Führung, niemand würde eine Idee äußern, erwies sich als absolut unbegründet. Viele Ideenblätter wurde beschrieben. Einige Ideengeber hatten ihre Ideen zu einer gemeinsamen Idee gebündelt. Zehn Arbeitsgruppen arbeiteten nun eine Stunde nach den Prinzipien des Open Space. Nach intensiver Arbeit standen zehn unterschiedliche, zum Teil differenziert entwickelte Projektentwürfe im Raum. Alle Teilnehmenden äußerten sich sehr zufrieden mit dem Verlauf und freuten sich darauf, dass einige der Projektideen realisiert werden würden. Dieses Beispiel zeigt auch, wie wichtig ist, die Sorgen und Befürchtungen der Führung bzw. der Initiatoren ernst zu nehmen und zu containen, in dem Wissen darum, dass die Praxis eines Open Space in aller Regel positiv verläuft.

3.5 Mitarbeiterbefragung – neue Erkenntnisse gewinnen

Oft sind wichtige Informationen, Stimmungen und Meinungen in Unternehmen nicht explizit bekannt. Sie „wabern" mehr als Eindruck oder Gefühl durch das Unternehmen. Meist ist unklar, ob es sich um Projektionen eigener Befindlichkeit handelt, um tatsächliche Missstände oder Unzufriedenheit einzelner Gruppen. Daher gewinnt ein Unternehmen, wenn es sich aktiv mit dem Klima und der vorherrschenden Unternehmenskultur auseinandersetzt. Dazu gehören Wissen um die Zufriedenheit der Mitarbeitenden, um deren Veränderungsideen, deren Einschätzung der Führungsstile, der Belastungen durch die Arbeit und der Art und Weise der Zusammenarbeit. Genau darin verbergen sich die Schätze des Unternehmens, die gehoben werden können, um sie für alle nutzen zu können.

Mit einer seriösen Mitarbeiterbefragung erleben Mitarbeitende, dass sie gesehen und wertgeschätzt werden. Sie sind die Experten für alltägliche Situationen im Unternehmen sowohl für Gelingendes als auch für Frustration Erzeugendes. Wichtig ist, nicht bei der Befragung stehen zu bleiben, sondern daraus interaktive Prozesse zu generieren. Sie erhöhen Loyalität und Verbundenheit mit dem Unternehmen und sind daher auf der Investitionsseite gut angelegtes Geld. Sie lösen länger anhaltende Wirkung aus als kurzlebige Incentive-Feuerwerke. Entscheidend ist, dass das Interesse an Gedanken und Mitwirkung der Mitarbeitenden wirklich ernst gemeint ist und Veränderungsideen am Ende tatsächlich ausprobiert und umgesetzt werden. Das hier vorgestellte Konzept der Mitarbeiterbefragung besteht aus drei Schritten:

- Zufriedenheitsanalyse,
- Auswertung und Bewertung der Ergebnisse,
- Maßnahmenkatalog und Umsetzung.

Ein zentraler und innovativer Punkt ist die Verbindung von schriftlicher, anonymer Befragung mit angeleiteten Gruppengesprächen, denn ausschließlich schriftliche Befragung bringt selten den gewünschten Erfolg, weil häufig die Beteiligung gering bleibt. Die Mischung aus drei Elementen garantiert die größte Durchdringung der wichtigen Themen, sie ermöglicht Rückfragen und Austausch. Mit dieser aktiven Kommunikation vollzieht sich schon ein wichtiger Impuls und markiert häufig einen ersten Veränderungsschritt in der Befragung selbst.

Die schriftliche Befragung umfasst geschlossene Fragen bzw. Skalierungen, sowie offene Fragen.

Die offenen Fragen ermöglich den Mitarbeitenden, sich zu vorher definierten Sachverhalten differenzierter zu äußern. In der Beurteilung der Ergebnisse lassen sich so differenziertere Einschätzungen vornehmen. Dies macht zwar die Auswertung komplexer, ist den Einsatz jedoch wert. Sinnvoll ist, für die Unternehmenssituation modifizierte Fragebögen zu verwenden.

Abteilungsübergreifende Gruppengespräche mit externer Begleitung setzen ebenfalls schon verschiedene Impulse in das Unternehmen. Sie fördern Austausch, den die Mitarbeitenden in der Mehrzahl als neu, bereichernd und horizonterweiternd wahrnehmen. Abteilungsübergreifende Unklarheiten können im direkten Gespräch besser verstanden werden. Oft ergeben sich sofort Lösungsansätze, die höhere Zufriedenheit bewirken. Durch die externe Moderation wird größere Offenheit erreicht und – das ist sehr wichtig – ein angemessener Gesprächsverlauf garantiert.

Die Auswertung der Daten sollte extern stattfinden, damit die Anonymität der schriftlichen Befragung, gerade bei kleineren Unternehmen, gewahrt bleibt. Die Ergebnisse werden der Geschäftsleitung und im Anschluss den Mitarbeitenden vorgestellt, sodass erste Veränderungsschritte sofort in die Umsetzungsphase gebracht werden können.

Häufig bietet sich die Bildung einer Arbeitsgruppe an, die erste Schritte entwickelt und umsetzt. Sinnvoll ist auch hier, die Gruppe durch externe Moderation mit Prozessbegleitung zu unterstützen. Dies sorgt für Ergebnisorientierung und sichert so die erreichten Überlegungen. Externe Moderation trägt dazu bei, dass Ergebnisse nicht im Sande verlaufen, sie ist oft das Scharnier zwischen Unternehmensleitung und Arbeitsgruppe.

Zusammengefasst werden mehrere Ziele verfolgt:

- Das Unternehmen erhält detaillierte Informationen über den Stand und die Zufriedenheit der Mitarbeitenden.
- Mit dieser Vorgehensweise wird ein Zeichen gesetzt, dass Mitdenken und Beteiligung von Mitarbeitenden ein hohes Gut sind.
- Ernstgemeinte Wertschätzung wird gezeigt.
- Damit verbunden wird langfristig Mitarbeiterbindung geschaffen.

Die genaue Choreografie der Durchführung wird im Unternehmen mit den unterschiedlichen Akteuren vorbesprochen und geplant. Das ermöglicht eine gute Anpassung an die Bedingungen im Unternehmen, z. B. die Berücksichtigung von Schichtarbeit oder anderen Arbeitszeitmodellen, sowie von Arbeitsbedingungen unterschiedlicher Berufsgruppen. An den Vorbereitungen werden idealerweise neben der Geschäftsleitung beispielsweise auch zwingend Betriebsrat/Mitarbeitervertretung, Führungskräfte und engagierte Mitarbeitende beteiligt.

Wichtig ist, dass es nicht bei einer Befragung bleibt, sondern dass daraus auch Maßnahmen erfolgen, in denen Anregungen der Mitarbeitenden aufgegriffen werden. Andernfalls ist eine Befragung kontraproduktiv, vergrößert Enttäuschung und schlechte Stimmung und zementiert den Eindruck bei Mitarbeitenden: „Man kann ja sowieso nichts machen".

Praxisbeispiel
Bei einer oben beschriebenen Mitarbeiterbefragung, die in einem Unternehmen mit etwa 200 Mitarbeitenden durchgeführt wurde, gab es viele gute Rückmeldungen. Ein wertvoller Kritikpunkt wurde auf unterschiedliche Weise geäußert: das Führungsverhalten einiger Führungskräfte. Im Gruppengespräch wurde sehr sachlich Kritik formuliert, in der schriftlichen Befragung zeigte sich das gleiche Phänomen. Darüber hinaus gab es anonyme Mitteilungen. Diese Kritik wurde von der Unternehmensleitung nicht aufgegriffen und bearbeitet, sondern als Querulantentum abgewehrt. Erfolgversprechende Maßnahmen, wie Führungskräftetraining, Führungskräftecoaching, Teamsupervision mit der entsprechenden Führungskraft, sollten im Unternehmen nicht umgesetzt werden. Damit wurde die Hoffnung, dass sich an der Unternehmenskultur etwas verändern könne, zunichte gemacht.

Hier ist zu sehen, wie weitreichend die grundlegende Entscheidung für eine Befragung sein kann. Darüber muss Klarheit herrschen. Sonst wird guter Wille verbannt und das ist bedauerlich. In so einem Falle ist es klüger, einen Prozess nicht zu beginnen, der nicht durchgehalten wird.

Raus aus dem Alltag und auftanken – Teamklausuren und Teamworkshops

In der supervisorischen Praxis mit unterschiedlichen Teams und zu unterschiedlichen Themen zeigt sich Verbindendes: Alle Teams brauchen ab und an wirklich Zeit. Zeit, um neben dem normalen Meeting, Coaching- oder Supervisionsrhythmus ein oder zweimal im Jahr in Ruhe und „am Stück" an Fragestellungen zu arbeiten. Das kann turnusmäßig fester Bestandteil der Arbeit sein, ohne konkreten Anlass, denn Themen gibt es in der Regel mehr als genug. Oder ein Team nimmt sich konkrete Themen vor, die sonst im Alltagsgetriebe liegen bleiben. Manche Teams oder Abteilungen von Unternehmen haben keine Supervision o. ä. und nutzen stattdessen das Setting der Teamklausur, um regelmäßig in Ruhe außerhalb der alltäglichen Arbeit über bestimmte Aspekte nachzudenken.

Das sind gute Möglichkeiten, um Organisationsentwicklung als dauerhafte Prozesse in der Unternehmenskultur zu verankern. Wenn Einrichtungen und Unternehmen sich gönnen, regelmäßig Teamklausuren durchzuführen, kann die Beschäftigung mit notwendigen Veränderungen auch die bestehenden Widerstände mildern. Durch das Hinaustreten aus dem Alltag entstehen Denkräume, die sich gut dazu eignen, Veränderungen und Umsetzung vorzubereiten. Positiv für die Teams wirkt sich aus, wenn Klausuren außerhalb stattfinden. Der räumliche Abstand erlaubt größere innere Distanz, die neue Perspektiven auf die Arbeit für die Teilnehmenden leichter vorstellbar machen. Ein weiterer Punkt wird durch Erfahrung bestätigt: Teamklausuren mit externer Begleitung zeigen in der Regel einen größeren Erfolg als Klausuren, die in Eigenregie geplant und gestaltet werden.

Die Vorteile liegen auf der Hand: Durch die externe Begleitung braucht sich niemand aus dem Team oder die Führungskraft Gedanken zu machen darüber,

- dass die Struktur des Tages gehalten wird,
- ob der roten Faden erhalten bleibt,

S. Wengelski-Strock, *Organisationsentwicklung aus der Praxis für die Praxis*, essentials, https://doi.org/10.1007/978-3-658-31258-9_4

- welche Methoden zum Einsatz kommen,
- dass eine angemessene Gesprächsatmosphäre durchgetragen wird und
- dass am Ende Ergebnisse gesichert werden.

Alle können sich ganz den inhaltlichen Fragen widmen. Den Rahmen zu halten, den roten Faden im Blick zu behalten, entsprechende Methoden auszuwählen und den Gesprächsverlauf mit zu steuern, sind die Aufgaben der externen Moderatorin. In einem Vorgespräch werden die thematischen und inhaltlichen Eckpunkte eines Teamtages geplant. Alles Weitere übernimmt die externe Moderation, sodass alle entlastet sind und nur die Verantwortung für sich und ihre Beteiligung an der gemeinsamen Arbeit übernehmen müssen.

Konkrete Situationen aus dem Arbeitsalltag bieten sich an:

- Leitungswechsel – gut die Zusammenarbeit gestalten, die gegenseitigen Erwartungen klären.
- Das Team hat sich personell sehr verändert – so werden die neuen Mitarbeitenden gut eingebunden.
- Die Kommunikation hat sich, wodurch auch immer, im Team verschlechtert – Missverständnisse werden geklärt für eine gute Zusammenarbeit.
- Die äußeren Bedingungen haben sich verändert – das Team stellt sich in seiner Arbeitsweise darauf ein.
- Das Konzept braucht eine Überarbeitung – in Ruhe die neuen Elemente diskutieren, damit das Konzept von allen getragen wird.
- Neue Aufgaben stehen an – so bereitet sich ein Team gut darauf vor.

Praxisbeispiel
Seit Zeitpunkt der Unternehmensgründung vor etlichen Jahren führt ein Unternehmen mit ca. 12 Mitarbeitenden jährlich eine zweitägige Teamklausur durch, an der alle, auch die Auszubildenden, teilnehmen. In einem Planungstermin mit Geschäftsführung und externer Moderatorin werden die virulenten Themen, Fragestellungen und Entwicklungen besprochen. Das ist die Basis für die Klausurplanung mit Rückkopplung darüber, ob die Themen tatsächlich richtig erfasst wurden und Feinabstimmung nötig ist. Die Klausuren finden immer außerhalb des Unternehmens statt, und zwar in klösterlichen Tagungshäusern, die eher Ruhe und Reflexionsräume vermitteln. Den Abend gestaltet das Team für sich. Hier ist Abstinenz der Moderatorin gefragt, sie nimmt nicht an diesen Aktivitäten teil. Diese Abstinenz erhält die erforderliche beraterische Distanz für gute Beratung und Moderation. In der Regel teilt sich die Klausur in zwei Teile: Klärung aktueller Fragestellungen und Ausblicke in die Zukunft. So stand ein

Umzug an, der eine veränderte Raumverteilung mit sich brachte. An der Frage: Wer sitzt mit wem in einem Büro? wurden nicht nur die organisatorischen Aspekte abgehandelt, sondern auch die der Kommunikationsstrukturen. Wer spricht mit wem, wer muss mit wem sprechen? Hinzu kommen die Beziehungs-fragen, wer möchte mit wem in einem Büro sitzen, mit wem eher nicht und welche Dynamik entsteht daraus für das gesamte Team. An derartigen, scheinbar unkomplizierten Aufgabenstellungen zeigen sich die darunterliegenden Themen, die so gehoben und bearbeitbar werden.

Ein anderes Thema war die Klage über lückenhafte gegenseitige Information. Da die meisten Mitarbeitenden viel unterwegs sind, ist es schwierig, Informationen zeitnah weiterzugeben, ihnen nachzugehen und die notwendigen Fragen zu besprechen. Dies fordert eine Form von Disziplin, die der vorherrschenden Unter-nehmenskultur: „Wir sind spontan, flexibel, bunt und kreativ" widerspricht. Gute Lösungsansätze für diese Diskrepanz zu finden, brauchte Zeit und Raum zum Nachdenken. Als Ergebnis konnten Besprechungsstrukturen vereinbart werden, mit denen sich alle einverstanden erklären konnten und die realistisch erschienen.

Zusätzlich zu den Klausuren bieten sich themenorientierte, praxisnahe Inhouse-Workshops an. Die Themen klären sich in einem ausführlichen Vorgespräch:

- Nähe und Distanz zu Klienten/Kunden
- Umgang mit Konflikten
- Schwierige Personalgespräche
- Feedback gut gestalten
- Klarheit in Führung und Anforderung
- Führen aus der Sandwich-Position
- Umgang mit eigenen und fremden Grenzen
- Kooperation gut gestalten
- Gute Kommunikation im Team

Spaß am Denken – Konzeptentwicklung

5

Konzepte zu entwickeln macht Freude, wenn tatsächlich danach gearbeitet wird und nicht die gelebte Praxis etwas völlig anderes abbildet als das schriftliche Konzept. Dann ist Konzeptarbeit Makulatur. Konzepte sind notwendig, um Entscheider, Geldgeber, Netzwerkpartner für neue Ideen zu gewinnen. Sie sind notwendig zur Reflexion von Wollen, Sollen und Können. Systematische Konzeptentwicklung befasst sich mit den Hintergründen, den Rahmenbedingungen, den Theorieaspekten, methodischen Fragen und Umsetzungsfragen.

Konzepte

- sind das Gerüst für die Arbeit in der Praxis, nur dann erfüllt ein Konzept seinen Sinn.
- helfen, im Dschungel der Alltagsarbeit das Ziel und den Weg nicht aus den Augen zu verlieren.
- zeigen den roten Faden auf.
- machen Erfolge sichtbar, weil Arbeit an ihnen gemessen werden kann.
- helfen, sich in der Fülle der Informationen, Methoden und Zielvorstellungen nicht zu verlieren.
- öffnen den Blick für das Machbare.
- machen die Arbeit transparent.
- transportieren Ihre gute Arbeit nach außen.
- erschließen neue Ressourcen.
- organisieren verbindliche Arbeitsabsprachen.
- sichern einen Wettbewerbsvorteil.

Konzepte entstehen sinnvollerweise aus der Reflexion der praktischen Arbeit und aus den Anforderungen einer neuen Situation. Gleichzeitig ist jede praktische

© Der/die Herausgeber bzw. der/die Autor(en), exklusiv lizenziert durch
Springer Fachmedien Wiesbaden GmbH, ein Teil von Springer Nature 2020
S. Wengelski-Strock, *Organisationsentwicklung aus der Praxis für die Praxis,*
essentials, https://doi.org/10.1007/978-3-658-31258-9_5

Arbeit nie konzeptlos. Sie ist allerdings häufig nicht reflektiert. Damit sind ‚konzeptionelle Entscheidungen' oft nicht bewusst getroffen, sondern Ergebnisse von ungesteuerten Prozessen und Zufällen. Konzeptarbeit beinhaltet gleichzeitig den Blick zurück und nach vorn. Sie ist eine Selbstvergewisserung, eine Überprüfung, in welcher Tradition stehen wir mit unserer Arbeit und wo wollen wir uns hin entwickeln.

Konzeptentwicklung ist immer ein kreisförmiger bzw. ein iterativer Prozess. Es gibt immer eine Gleichzeitigkeit von Handeln, Planen und Reflektieren. Sie ist ein offenes Verfahren mit regelmäßigen Rückkopplungen und Reflexionen zwischen den einzelnen Schritten und Wiederholungen in der Gesamtfolge. Knapper werdende Ressourcen schärfen den Blick für konzeptionelles Arbeiten. Es gilt, Entscheidung zwischen Wollen, Können und Sollen zu treffen. Daraus resultiert eine Schwierigkeit: Die Freiheit, zu wählen, und der Zwang, sich zu entscheiden. Ebenso verlangen veränderte Strukturen innerhalb von Organisationen und Unternehmen veränderte konzeptionelle Überlegungen. Wesentliche Eckfragen sind hierbei: Was wollen wir? Was können wir tun und können wir das, was wir wollen?

Viele Arbeitskonzepte sind personengebundene Konzepte, sie tragen einen hohen individuellen Anteil der Menschen in sich, die an der Entwicklung beteiligt waren. In guten Konzepten verbinden sich theoretische Grundlagen und Wissen mit der reflektierter Praxiserfahrung. Nicht zuletzt bleiben Unternehmen und Organisationen durch Konzeptarbeit auf dem Laufenden. Die regelmäßige Überprüfung bestehender Konzepte dient der Qualitätsentwicklung und macht es leichter, auf Veränderung angemessen zu reagieren.

Viele unterschiedliche Anlässe können eine Konzeptentwicklung initiieren:

- Kunden- oder Klientengruppen verändern sich, das bisherige Konzept greift nicht mehr richtig: Konzeptüberprüfung und Neuausrichtung.
- Gesetzliche Grundlagen für die Arbeit haben sich gewandelt, das zieht Konzeptveränderung nach sich.
- Im Unternehmen wurde umstrukturiert, Arbeitsbereiche wurden neu zugeschnitten, Aufgabenfelder umgestaltet: Hier hilft, mit neuem Konzept die Veränderung zu bewältigen.
- Finanzierungsgrundlagen werden neugestaltet, das hat Konsequenzen für die Arbeit und für das Konzept.
- Gesellschaftliche Bedingungen wandeln sich. Das kann auch bedeuten, das jetzige Konzept kritisch unter die Lupe zu nehmen.
- Zwei Abteilungen, zwei Unternehmen müssen oder wollen fusionieren. Mit einem klaren Konzept wird dieser Prozess gut gesteuert.

- Wissensstände verändern sich – Grund genug, auch das Konzept diesen Neuerungen anzupassen.
- Eine Abteilung soll eine Idee einer breiteren Öffentlichkeit vorstellen – auch hier sind Konzeptelemente eine gute Strukturierungshilfe.
- Viele neue Mitarbeiter sind am Start, dadurch verändern sich Sichtweisen auf die Aufgaben. Andere Fähigkeiten kommen zusammen, die auch konzeptionelle Veränderungen zur Folge haben können.
- Eine neue Leitung kommt in ein Unternehmen, sie bringt neue Ideen mit, die in das Konzept einfließen sollen.

5.1 Konzeptformen

Aus einem guten Grundkonzept lassen sich unterschiedlichen Konzeptformen leicht ableiten. Wichtig sind zwei Punkte: Wer gibt das Konzept in Auftrag und wem wird das Konzept präsentiert?

Eine Konzeptskizze für z. B. Projektarbeit, neue Ideen usw. – hier ist gerade gut, kein fix und fertiges Konzept vorzustellen, sondern Raum für die Ideen aller Beteiligten zu geben. Vorgesetzte wollen ihre Zielrichtung aufzeigen, Kollegen gute Gedanken zufügen, Kunden haben mitunter auch wertvolle Anregungen. In solch einer Situation mit einem fertigen Konzept aufzuwarten, stößt wichtige Mitdenker vor den Kopf. Bei der Skizze ist wichtig, alle Konzeptelemente mit im Blick zu haben, aber nicht für alles eine Antwort haben zu müssen. Das kann entlastend für die Konzeptentwickler sein und macht das Einbinden weiterer Akteure leicht.

Ein Konzept, nach dem gearbeitet werden soll, ist umfangreich und braucht Zeit, um erarbeitet zu werden. Hier ist es gut, im lebendigen Austausch mit anderen ein Konzept zu entwickeln. Kritik und Anregungen von anderen sind nicht immer leicht anzunehmen, aber besser, Kollegen und andere Ratgeber äußern sich kritisch, als beispielsweise Geldgeber.

Neben dem „großen Konzept" ist es immer sehr sinnvoll, eine kurze Zusammenfassung des Konzeptes zu haben, je nachdem, wer damit angesprochen werden soll.

Praxisbeispiel

Handtaschenkonzept: Eine mittlere Führungskraft trifft ihren Direktor auf dem Flur. Er fragt: „Was macht Ihre Abteilung?" Er kennt die Führungskraft nicht gut persönlich, ist jedoch interessiert. Da ist es förderlich, wenn die Führungskraft in knappen Sätzen das Konzept vorstellen kann.

Kurzkonzept: Der Direktion muss begründet werden, warum für die Arbeit der Etat erhöht werden soll – dann ist mehr als ein Handtaschenkonzept und weniger als ein komplettes Arbeitskonzept notwendig. Hierfür ist ein Kurzkonzept nötig, wenn andere gewonnen werden sollen.

Zielgruppenkonzept: Schließlich ist es für die Arbeit oft entscheidend, wenn Kooperationspartner, Klienten und Kunden das spezielle Angebot gut verstehen.

5.2 Smart zum fertigen Konzept

Um für das Konzept eine Grundstruktur zu entwickeln, sind diese Fragen gute Wegweiser:

Welche Idee, welcher Auslöser steht am Anfang?
Welche Gründe haben zum Arbeitsauftrag Konzept geführt?
Welche Aspekte der Vision, der Ziele und der Aufgabenerfüllung des Unternehmens werden mit dem Konzept erreicht?
Welches Problem ist aufgetreten und braucht eine konzeptionelle Antwort?

Der nächste Schritt ist, ein Ziel zu formulieren, das mit diesem Konzept erreicht werden soll, denn danach richten sich die weiteren Schritte. Hier hilft die SMART-Formel: Damit Ziele überprüft werden können, sollten sie spezifisch, messbar, akzeptiert, realistisch und terminiert sein.

Ziele bieten Orientierung, um dort anzukommen, wo man hinmöchte. Oft werden in der täglichen Arbeit jedoch keine Ziele gesetzt, sondern durch Formulierungen wie: „die Zufriedenheit steigern, mehr Menschen erreichen" eher Absichten, Wünsche, Hoffnungen oder Träume geäußert. Deshalb ist es von grundlegender Bedeutung, Ziele „smart" zu formulieren.

- S = Spezifisch heißt, genau formulieren, um welchen Erfolgsparameter es geht. Was genau soll sich verändern? Wenn Mitarbeiter von Vorgesetzten hören: „Machen Sie mal" oder „Das machen Sie schon", dann ist es nicht weiter verwunderlich, dass diese entweder in die falsche Richtung laufen oder erst gar nicht anfangen zu laufen. Spezifische Ziele zu vereinbaren, heißt, Klarheit darüber herzustellen, was erreicht werden soll. Bei unspezifischen Zielen kommt es leicht zu Missverständnissen und Ärger. Gut ist, wenn alle Kräfte in die gleiche Richtung fokussieren.
- M = Messbar bedeutet, die Ziele in messbaren Parametern zu definieren, damit die Zielannäherung geprüft werden kann. Die Messbarkeit zeigt an, wie weit

der Weg noch ist bzw. was schon erreicht wurde. Ein Ziel messbar zu machen, bedeutet, Werte festzulegen, an denen man sich orientieren kann. Oftmals sind Ziele auch längerfristig angelegt, dann ist es entscheidend, sich dem großen Ziel über Zwischenschritte zu nähern, bei denen man schnell und frühzeitig Abweichungen vom Plan feststellen kann, um rechtzeitig eine Kurskorrektur vornehmen können.

- A = Akzeptiert schafft die Basis dafür, dass Beteiligte auch hinter der Zielerreichung stehen, dass die Ziele angenommen sind. Nichts ist demotivierender, Mitstreiter immer wieder in Richtung Ziel ‚schieben' zu müssen. Schwierig wird es, wenn vereinbarten Ziele den Wertvorstellungen der Beteiligten widersprechen. Hilfreich für die Akzeptanz sind positiv formulierte Ziele.
- R = Realistisch. Über das Ausmaß der Zielerreichung gibt es unterschiedliche Meinungen. Hohe Ziele zu stecken, die fordern, die einen leichten Schauer über den Rücken treiben, lassen umso motivierter an die Arbeit gehen, das ist die eine Seite. Andererseits dürfen Ziele nicht unrealistisch sein, denn dann demotivieren sie und die Energie verpufft. Ein Ziel ist nur dann realistisch, wenn es mit den verfügbaren Ressourcen auch erreicht werden kann.
- T = Terminiert. Ein Ziel zu terminieren heißt, das Ziel in einen Zeitbezug zu bringen und festzulegen, wann genau der Soll-Zustand erreicht sein soll. Zur Vervollkommnung eines Zieles gehören klare Zeitangaben hinsichtlich der Dauer und der Terminierung von Zwischenterminen bzw. die Festlegung, bis wann welches Teilziel zu erreichen ist.

Welche Informationen sind nötig, um die Aufgabe gut zu lösen, die Ziele zu erreichen? Leicht kann man sich in der Fülle der Daten, die durch Internet, viele Studien und Auswertungen zur Verfügung stehen, verirren. Wichtig ist hier: Genau prüfen, was zielführend ist, weniger ist oft mehr. Im Bild gesprochen: Für eine große Reise einen kleinen Koffer packen, was ist unverzichtbar zum Mitnehmen und was kann getrost zu Hause bleiben. So können Daten betrachtet werden: Welche sind unverzichtbar? In welchem Zusammenhang stehen die Daten zum Ziel und zur Aufgabe?

5.3 Fünf Konzeptelemente

Die fünf Hauptpunkte eines Konzeptes (siehe Abb. 5.1) stehen in Verbindung zueinander und beziehen sich aufeinander, theoretisch kann an irgendeinem Punkt des Konzepts gestartet werden, wenn am Ende alle fünf Hauptpunkte berücksichtigt wurden. Dieser Aspekt ist wichtig, wenn das Konzept in einer Gruppe

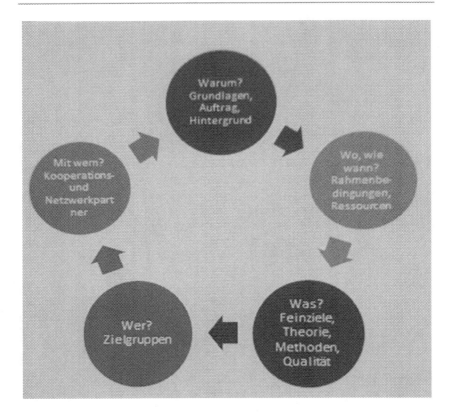

Abb. 5.1 Konzeptkreislauf

erarbeitet wird. Dann kann die Bearbeitung der verschiedenen Punkte delegiert werden. W-Fragen unterstützen Konzeptentwicklung.

- W-Frage: Warum? Warum soll sich diesem Problem, dieser Aufgabe, diesem Ziel zugewendet und dies in einem Konzept festgehalten werden? Hier sind die Hintergründe, Grundlegendes zum Auftrag, gesetzliche Basis, Menschenbild gefragt, die schon bei der Zielformulierung eine Rolle gespielt haben.
  Welches Verständnis ist bedeutend?
  Welche Grundannahmen sind leitend?
  Wieso nimmt das Unternehmen sich dieser Aufgabe an?
  Welche Ausgangslage, welches Problem oder welche Fragestellung wird durch die Zahlen, Daten und Fakten beschrieben?

Praxisbeispiele
Eine Altenpflegeeinrichtung will ein neues Angebot für demente Menschen entwickeln, das ist das Ziel. Für die Basis dieses Konzeptes muss die Einrichtung
folgende Aussagen treffen: Welcher gesetzliche Auftrag wird übernommen oder
was ist die Basis für das Handeln, wer ist die Zielgruppe. Was sind die Beweg-
gründe, Sinn und Nutzen.
   Für Unternehmen kann z. B. die Einführung eines neuen Ablage-Systems
guter Grund für ein Konzept sein. Hier gelten die gleichen Fragen zu Ausgangslage, gesetzlichen Bedingungen (z. B. Datenschutz), Zielgruppe, Ziel und Nutzen,
die beantwortet werden müssen.

- Wo, wie, wann? Aus Zahlen, Daten und Fakten ergeben sich Konsequenzen.
  Wie müssen die Rahmenbedingungen beschaffen sein bzw. welche Rahmenbedingungen herrschen vor. Welche Konsequenzen entstehen daraus für das
  Konzept. Welche Aspekte der Umgebung, des Unternehmens, der Organisation,
  vor Ort sind zu beachten? Welche Erkenntnisse aus Organisationsbiographie und
  der Tradition sind zu berücksichtigen?

Zusammengefasst gesagt: Das Konzept muss Aussagen dazu treffen, welche
Ressourcen vorhanden sind, welches Raumprogramm, welche Mitarbeitenden
und deren Profil, welcher zeitliche und finanzielle Rahmen und sonstige wichtige
Bedingungen. Gleichzeitig kann hier schon der Erwartungshorizont an ein
Konzept begrenzt und auf erwartbare Risiken hingewiesen werden.

- Welche Kunden oder Klienten, Mitarbeitende sollen angesprochen werden,
  welche Merkmale und Besonderheiten weisen diese Personengruppen auf?
  Manchmal ist es notwendig, verschiedene Personengruppen zu beschreiben.

Praxisbeispiel
Bewohner und deren Angehörige, Menschen in deren Umgebung; Mitarbeitende
einer Abteilung und deren Führungskräfte, Fachleute außerhalb des Unternehmens
und Kunden. Hier kann die Datenlage gute Begründungen liefern. Soziologische
Erkenntnisse, Quartiersbeschreibungen u.ä. sind hier nützliche Instrumente.

- Was soll mit dem Angebot erreicht werden, was sind die Methoden, Feinziele
  im Hinblick auf die konkreten Optionen?

Zur Formulierung der Feinziele und Zielgruppen gehört die Darstellung des
Theorierahmens. Dieser Theorierahmen bestimmt die Wahl der angewendeten

Methoden und Hilfsmittel. Gerade für Geldgeber und Kooperationspartner ist dieser Teil von großem Interesse. Hier werden konkrete Aussagen zur Praxis getroffen, damit der Leser sich tatsächlich ein Bild machen kann. Dies ist der Teil des Konzepts, in dem Positionen bezogen werden.

Ein weiteres Stichwort eines Konzeptes bezieht sich auf Qualitätsmanagement und Evaluation. Es ist klug, Aussagen über das Qualitätsverständnis zu machen und mit welchen Methoden dies geschieht, z. B. Befragungen, regelmäßige Praxisreflexion, Beschreibung von Standardabläufen etc.

- Die Frage: Mit Wem? beleuchtet die Gesamtlandschaft.

Das kann einerseits die Perspektive innerhalb der eigenen Organisation bzw. des Unternehmens sein, darüber hinaus werden Aussagen über notwendige Zusammenarbeit mit anderen Abteilungen, Diensten, Kooperationspartnern und externen Kunden getroffen. Die daraus entstehenden Schnittstellen werden fokussiert, ebenso wie die dadurch entstehenden Regeln. Wer ist für den Prozessverlauf wichtig, wer ist für Entscheidungen wichtig? Das sind zentrale Fragen innerhalb des Unternehmens, die einer Antwort bedürfen. Die Perspektive nach außen lenkt die Aufmerksamkeit auf die erforderlichen Kooperations- und Netzwerkpartner.

- Mit welchen anderen Organisationen wird zusammengearbeitet, wer wird beliefert? Mit welchen Organisationen soll auf welcher Informationsgrundlage zusammengearbeitet werden? Netzwerkdenken und -arbeiten ist wichtiger denn je. Vieles ist nur mit Netzwerkpartnern zu bewerkstelligen.

Praxisbeispiel
Konzeptentwicklung ist Teamarbeit, hier handelt es sich um die Entwicklung eines neuen Ansatzes in der Jugendhilfe:

- das Team informieren,
- die Lesergruppe des Konzeptes bestimmen,
- gemeinsame Eckpunkte vereinbaren,
- einen realistischen Zeitplan erstellen und
- Arbeitsaufgaben delegieren.

Eine Ideensammlung zum Konzept z. B. auf Karten als Kick-Off-Brainstorming, das heißt, 15 min Stichworte sammeln, ohne zu bewerten, auch Dopplungen zulassen, Kommentare verhindern. Achtung: 2–3 min Schweigen am Anfang sind ganz normal, die Beteiligten brauchen Zeit, um kreative Ideen zu entwickeln.

Dann werden die Ideen nach Kriterien aus den fünf Hauptpunkten des Konzeptes strukturiert:

Möglicherweise ist es sinnvoll, eine Skizze – es kann das Fotoprotokoll des geordneten Brainstormings sein – für den Vorgesetzten zu machen, damit dessen Korrekturen rechtzeitig berücksichtigt werden.

Bei jedem Zwischenschritt werden die Ergebnisse gesichert, auf Flipchart, Karten und entsprechenden Fotos. Diese lassen sich schnell digital versenden und einfach archivieren. So wird wenig Zeit für Protokollschreiben gebraucht. Einzelne Punkte werden zu Arbeitsaufgaben, die delegiert werden, je nach Kompetenz und Interesse, verbunden mit konkreten Terminen, bis wann die Aufgabe von wem bearbeitet werden muss. Dann können die Ergebnisse zusammengetragen werden.

Die Arbeitsgruppen oder Personen sollten ganze Sätze formulieren und nicht nur Stichworte sammeln. Mit Sätzen legt man sich fest. Das ist auch notwendig. Natürlich können zuerst Stichworte gesammelt oder auf die Karten des Brainstormings zurückgegriffen werden. Daraus werden Sätze formuliert. Unabhängig davon, ob das Konzept ein Einzelwerk oder eine Gruppenarbeit ist, sollte die Zeit begrenzt werden, sonst besteht die Gefahr, sich in Einzelheiten zu verlieren. Nicht länger als 10 min für einen Unterpunkt veranschlagen. Wenn das ganze Material zusammengetragen wurde, kann jemand, der gut formulieren kann, eine redaktionelle Überarbeitung vornehmen.

Sehr nützlich ist, noch einen Außenstehenden das Konzept unvoreingenommen lesen zu lassen. Dafür muss Zeit eingeplant werden. Es ist nicht so leicht, einen Außenstehenden das Konzept lesen zu lassen, sich dessen Fragen gefallen zu lassen. Gerade diese Außensicht bringt einen großen Gewinn an Klarheit, weil die Selbstverständlichkeiten möglicherweise noch einmal auf Schlüssigkeit hinterfragt werden.

Und jetzt: Das Konzept ist fertig. Das ist ein guter Grund, mit dem Team oder der Arbeitsgruppe zu feiern, und sollte nicht vergessen oder geringgeschätzt werden.

Kurzfassung des Konzeptes gewünscht? Dann wird zu folgenden sieben Stichworten jeweils ein Satz aufgeschrieben, das Ganze auf ein kleines Blatt oder eine Karte ausgedruckt und so kann es wirklich in die Tasche gesteckt werden, für alle Fälle. In einem Workshop wurde das mit den Teilnehmern erarbeitet, mit guter und anhaltender Wirkung.

- Das Motto, die Vision unserer Organisation, Abteilung, Firma ist:
- Unser Arbeitsauftrag begründet sich auf:
- Ziel unserer Arbeit ist:

- Unsere Zielgruppen sind:
- Wir beziehen uns auf folgende Theorien:
- Wir arbeiten auf folgende Weise:
- Wir arbeiten zusammen mit:

Zusätzlich können noch Informationen für Ihre Kunden oder Klienten formuliert werden, dazu ist die Perspektive der Kunden oder Klienten wichtig:

- Was interessiert Kunden oder Klienten? Was ist für diese Gruppe wichtig?
- Fragen Sie Klienten oder Kunden, wieso sie sich für diese Einrichtung/Dienstleistung/Produkt entschieden haben?
- Was schätzen Kunden oder Klienten besonders?
- Welche Informationen sind wichtig?

Aus diesen Punkten die drei Wichtigsten auswählen. Ein Konzept kann gut bei einer Teamklausur erarbeitet werden.

Menschen sind die Botschafter – Führungskräfteentwicklung im Unternehmen

Führungskräfte- oder etwas weiter gefasst Personalentwicklung ist klassische OE. Scheinbar eine Binsenwahrheit. Dennoch wird gerade bei mittleren Führungskräften auf deren Profil, deren Ausbildung und die entsprechenden Anforderungen im Unternehmen weniger Augenmerk gelegt. Obwohl es entscheidende Faktoren, besser gesagt Vermittler und Begleiter in der OE sind. Daher ist die Auswahl von Führungskräften und deren Weiterbildung ein elementarer Baustein in der OE eines Unternehmens oder einer Organisation.

Führungskräfte brauchen neben ihrer fachlichen Kompetenz weitere entscheidende Fähigkeiten, die gute Führungs- oder Leitungsarbeit auszeichnen. Vorangestellt ist die Frage, welchem Führungskonzept im Unternehmen der Vorzug gegeben wird: Der beste Fachmann/die beste Fachfrau wird Leitung oder die Person, die über gute Führungskompetenzen verfügt, jedoch nicht unbedingt die beste Fachkraft ist. In dieser Frage zeigt sich schon eine Schwierigkeit für Führungskräfte. Von Teammitgliedern werden Wünschen und Fantasien aus beiden Richtungen an Leitung herangetragen. Die Leitung möge perfekt sein, sie solle für alle Fragen, auch die fachlichen, eine Lösung haben. Gleichzeitig soll sie sich nicht aus der Perspektive der Teamdynamik von den Teammitgliedern entfernen, sich nicht von den anderen Teammitgliedern abheben. Wie und wie sehr sich diese Ambivalenz zeigt, hängt von der Führungskultur im Unternehmen ab und davon, wie sehr die Führungskraft neben der Führungsaufgabe mit Basisarbeit befasst ist. Je mehr Basisarbeit, desto mehr liegt die Gefahr darin, von den Teammitgliedern als Leitung nicht ausreichend ernst genommen zu werden, je mehr eindeutige Führungsaufgabe, desto weniger wird der Leitung noch praktische Fachkompetenz zugesprochen. Dieser unlösbare, oft nicht bewusst wahrgenommene Konflikt muss gestaltet werden und braucht Instrumente zur Gestaltung. Führung als Spannungsfeld wahrzunehmen, zu gestalten und möglichst nicht einseitig aufzulösen, ist eine der wesentlichen Führungsaufgaben neben vielen anderen:

- Mitarbeiterinnen und Mitarbeiter anleiten,
- motivieren und beurteilen,
- bei Konflikten intervenieren,
- Teamsituationen wahrnehmen und steuern,
- Kompetenzen erkennen und fördern,
- Arbeitsabläufe strukturieren,
- Arbeitsergebnisse sichern,
- Kooperation gestalten,
- Unternehmensinteressen dem Team gegenüber vertreten,
- Unternehmensprozesse mitgestalten,
- Konzepte entwickeln und implementieren.
- …

Diese vielfältigen Fähigkeiten sind Menschen nicht notwendigerweise in die Wiege gelegt, sondern können und müssen, wie fachliche Kompetenz, erworben werden. Neben Wissen über Führung und theoretischen Erkenntnissen muss die Verbindung zur individuellen, praktischen Erfahrung hergestellt und mit der eigenen Person verknüpft werden, damit Leitungshandeln das volle Potenzial entfalten kann. Dazu gehört die Fähigkeit, das eigene Handeln zu reflektieren und zu hinterfragen. Es gilt, eine Haltung gegenüber der Führungsaufgabe, dem Umgang mit Macht zu entwickeln und die kommunikativen Kompetenzen auszubauen. Gerade in Umstrukturierungs- und Veränderungsprozessen sind Führungskompetenzen von besonderer Wichtigkeit.

An dieser Stelle liegt der Schwerpunkt auf Führungskräften, die beide Aufgaben verbinden müssen, fachliche Arbeit und Führungsaufgaben: Führung aus der Sandwich-Position. In vielen Branchen ist das die Mehrzahl aller Führungskräfte. Sandwich-Führungskräfte stehen buchstäblich dazwischen. Wie die Salami im Brötchen. Für sie ist es am schwierigsten, die eigene Rolle zu finden und sich zu positionieren. Jede Führungskraft wird sich in der einen oder anderen Beschreibung wiedererkennen. Und jede Beschreibung hat, wie alles, sowohl Licht als auch Schattenseiten.

Praxisbeispiele
Kumpel, sein Motto ist: „Das stemmen wir zusammen." Dieser Kumpel-Chef ist mehr bei seinen Mitarbeitern anzutreffen als an seinem Schreibtisch. Oft kommt er aus dem Team. Auf jeden Fall steht seine Bürotür offen, sodass er stets

zu sprechen ist. Als Kumpel hat er eben immer ein offenes Ohr für jedes Team-mitglied.

Das geht zulasten der nötigen Chefentscheidungen. Es ist gut, viele Ent-scheidungen mit dem Team zu beraten. Aber sie müssen in vielen Fällen von der Führungskraft getroffen werden. Eine zu große Nähe zum Team ist dabei oft hinderlich. Denn das macht es schwer, unangenehme Entscheidungen vor dem Team zu vertreten und sich klar in der Führungsrolle zu positionieren. Kumpel sind gleichwertig, als Führungskraft ist der Kumpel kein normales Teammitglied mehr. Die Führungskraft trägt Verantwortung und muss sich dahingehend positionieren,

- was kann und muss durch Leitung entschieden werden, wo wird ein Team transparent informiert und
- was ist gut und sinnvoll mit dem Team zu beraten und
- was kann gemeinsam mit dem Team entschieden werden.

Schon diese Unterscheidung kann in der Praxis zu Konflikten führen, braucht Klarheit der Führungsperson.

Es entlastet ein Team, wenn die Führungskraft die Verantwortung für Ent-scheidungen übernimmt, gerade bei schwierigen und unangenehmen Themen. Klar ist der Preis dabei, nicht mehr so nah bei den Teammitgliedern zu sein, der Gewinn liegt darin, wirklich als Führungskraft vom Team gesehen zu werden.

Beste Fachfrau sein, ihr Motto ist: Ich zeige euch, wie es geht, und dann klappt das auch. Bei „bester Fachfrau" steht die fachliche Arbeit im Vordergrund, sie hat das nötige Know-how und viel Erfahrung, sodass ihr keine Frage zu knifflig ist. Auch sie hat immer ein offenes Ohr. Fachlich ist sie auf der Höhe der Zeit, oft dem Team einen Schritt voraus und das Team kann sich hundertprozentig verlassen. Sie ist fachlich gesehen das Vorbild.

Fachliche Entscheidungen zu treffen, ist für die beste Fachfrau leicht. Sie kann sie auch immer gut begründen. Schwieriger wird es für den Experten als Chef, sich auf die Teamdynamik einzulassen, die Mitarbeiter zu sehen, die einzeln und in der Art der Zusammenarbeit auch Orientierung nötig haben. Sie brauchen die Führungskraft nicht nur wegen der Fachautorität, sondern auch als Scharnier in der Zusammenarbeit. Das ist ein Wert an sich und lohnt, gepflegt zu werden. Die Herausforderung, fachlich immer die Nase vorn zu haben, spornt an, ist aber auch anstrengend und führt zu Stress. Etwas mehr Fokus auf die Steuerungsaufgaben ist wichtig: Als Chef müssen Führungs- und Steuerungsaufgaben eine höhere Priorität bekommen. Zudem kann es für die Führungskraft entlastend sein, wenn auch die Teammitglieder sich fachlich weiterentwickeln und ihre Expertise auch zeigen dürfen.

Karriere-Planerin, ihr Motto ist: Das habe ich schon mal geschafft! Für die Menschen, die ihre Karriere klar vor Augen sehen, ist, mittlere Führungskraft zu sein, ein wichtiger Schritt. Dafür strengen sie sich sehr an. Sie bilden sich fort und sind immer an zusätzlichen Aufgaben interessiert, um zu zeigen, dass sie sich für das Unternehmen, für die Aufgabe und das Team einsetzen. Der Karriere-Planerin hat beim Führen die Ziele vor Augen, zieht das Team mit und spornt es an. Die Bürotür ist geschlossen. Wer etwas besprechen möchte, trifft eine Verabredung – dann ist auch Zeit dafür.

Entscheidungen treffen fällt ihnen leicht, sie orientieren sich an den Anforderungen des Unternehmens. Wo gehobelt wird, da fallen Späne. Die Rolle „Ich bin Führungskraft" ist klar. Das hilft dabei, auch unpopuläre Entscheidungen zu vertreten, und gibt jedem Team Orientierung.

Eine Gefahr, die hier besteht, ist die reine Perspektive auf Funktionalität. Möglicherweise geht die Leichtigkeit verloren, die dazu beiträgt, dass die Arbeit Spaß macht. Die übergroße Reduzierung auf die berufliche Rolle spaltet die soziale Funktion ab, die berufliche Arbeit übernimmt. Darüber hinaus möchten Teammitglieder als unverwechselbare Individuen wahrgenommen werden.

Chef wider Willen, sein Motto ist: Ich will doch gar nicht euer Chef sein, aber ich muss ja. Nicht selten werden Menschen befördert, die fachlich sehr gut sind oder für die einfach ein Aufstieg „ansteht". Manchmal geht eine Führungskraft und jemand wird interimsweise eingesetzt. Diesem Chef fällt es am schwersten, die Rolle wirklich anzunehmen. Die Ambivalenz zwischen „zum Team gehören" und „die Führungsmacht zu nehmen" ist groß und wird angetrieben von der eigenen Unsicherheit: „Was darf ich denn als Chef überhaupt?" Ein Chef wider Willen sendet häufig widersprüchliche Botschaften aus, zum Beispiel: „Ich habe ein offenes Ohr, aber gerade gar keine Zeit." Sträubt sich jemand so gegen eine Führungsrolle, ist ihm nicht in die Wiege gelegt, Entscheidungen zu vertreten. Vielleicht besteht die Sorge, es sich dann mit allen zu verderben und selbst keine Rückendeckung zu bekommen. Dadurch wird er für sein Team wenig greifbar, was schwierig ist. Denn jedes Team braucht Orientierung und Klarheit, wo der Chef steht und wie die Vorgaben sind. Die gute Nachricht in dieser Ambivalenz ist, jeder kann in die Führungsrolle hineinwachsen, aber nur, wenn sie angenommen wird. Chef-Sein kann seinen eigenen lustvollen Reiz haben. Macht annehmen und ausüben ist zunächst neutral. Wichtig ist, wie sie gestaltet wird, ob autoritär oder partizipativ, um zwei Pole zu benennen. Es bleibt bei der Entscheidung, was jede einzelne Führungskraft daraus macht.

Neue Sandwich-Führungskräfte können sich oft ganz eindeutig in eine dieser Richtungen einordnen. Ist jemand schon länger in der Chefrolle, finden sich vielleicht Aspekte aus verschiedenen Beschreibungen wieder. Jede Beschreibung hat positive Aspekte und Aspekte, die der Reflexion bedürfen. Neben der individuellen Disposition spielen die Teamdynamik und die Unternehmenskultur eine wichtige Rolle in der Gestaltung der Führungsrolle.

Für jede Führungskraft ist ein Training sinnvoll:

um sich Klarheit über die Rolle zu verschaffen, wie sehe ich die Rolle, was sind die Erwartungen im Unternehmen und welche Erwartungen hat mein Team.
um die Bedingungen im Unternehmen berücksichtigen zu können, hat die mittlere Führungskraft beispielsweise definierte Zeit zum Leiten oder muss die Leitungsaufgabe quasi nebenher geleistet werden.
um sich der Wirkung von Teamkonstellationen bewusst zu werden und Führungs-instrumente dafür zu entwickeln.

Eine weiterführende Frage ist hierbei, ob das Training intern oder extern statt-finden soll. Bei sehr kleinen Organisationen kann sicherlich kein Training im klassischen Sinne durchgeführt werden, weil zu wenig Führungskräfte auf der gleichen Ebene vorhanden sind und damit die entsprechende Peer-Gruppe fehlt. Dennoch ist zu überlegen, welche internen Entwicklungsbausteine möglich sind, damit die Weiterentwicklung der jungen Führungskräfte der Unternehmenskultur entspricht.

Die Praxis zeigt häufig, dass in Führungskräftetrainings oder Weiterbildungen der Schwerpunkt auf Wissensvermittlung gelegt wird. Was muss eine neue Führungskraft alles wissen, damit sie ihrer neuen Aufgabe auch gut gerecht werden kann. Zu kurz kommt die Weiterentwicklung der Führungspersönlichkeit und der Selbstreflexionsfähigkeit. Notwendig sind Orte, die die Verbindung von Wissen und Praxiserfahrung ermöglichen, an dem die Führungskraft eine eigene Haltung zu Führungsaufgabe entwickeln kann. Daher erscheint eine Mischung aus Einzel-Unterstützung und Arbeiten in der Gruppe sinnvoll. So können die individuellen Anforderungen genügend gesehen und bearbeitet werden. Die Gruppe bietet auf der einen Seite den Schutz und die Solidarität von Menschen in der gleichen Situation, sie gibt auf der anderen Seite Feedback und schafft eine neue Sicht auf Selbst- und Fremdwahrnehmung. Es kann ein Experimentier- und Erfahrungsraum entstehen, in dem neue Erkenntnisse umgesetzt und Handeln erprobt werden kann.

Daher besteht eine gute Möglichkeit, sich mit anderen kleineren Unternehmen zu vernetzen und ein regionales Training anzubieten, in dem den unterschied-lichen Anforderungen differenziert Rechnung getragen werden kann.

Widerstand ist Energie

Die hier vorgestellten Methoden sind im Grunde alte Bekannte, die scheinbar etwas in Vergessenheit geraten sind, gerade für OE-Prozesse. Dabei eignen sie sich für alle Phasen eines OE-Prozesses und bieten viele Vorteile: Sie garantieren die Partizipation vieler und darüber sollte Klarheit bestehen: „Die Akzeptanz von Veränderung ist eher gering zu veranschlagen, insbesondere, wenn die Chancen einer Partizipation an Entscheidungsprozessen gering waren" (Thiel 2000, S. 231). Daher lohnt es sich, mittels dieser Methoden möglichst viele Mitarbeitende an Denk- und Diskussionsprozessen zu beteiligen. Sie bilden ab, wo die progressiven Kräfte zu finden sind, wo die Hüter der Tradition sind und in welchen Themen sich die Widerstände ausdrücken. Die Szenen einer Großgruppenveranstaltung geben gute Momentaufnahmen über den Stand der Veränderung und ermöglichen schnelle und flexible Kleingruppenarbeit mit oft verblüffend guten Ergebnissen.

Bei OE-Prozessen geht es immer um gegenläufige Bewegungen – die Bewegung in die Veränderung und die Neigung, an Vertrautem festhalten zu wollen. Diese Bewegungen beziehen sich auf das Individuum, auf ganze Teilbereiche oder die ganze Organisation.

7.1 Wem oder was nützt Widerstand?

Eine wichtige Frage bei der Tendenz, nicht in die Progression zu gehen, ist die Frage: Wem oder was nützt das Festhalten, also der Widerstand? Das ist in OE-Prozessen häufig zunächst eine irritierende Fragestellung. Auf den ersten Blick scheint Widerstand niemanden nützlich zu sein, weil scheinbar die Veränderung als sinnvoll und nötig anerkannt ist. Werden jedoch die unterschiedlichen Widerstandsebenen mit ins Kalkül gezogen, dann zeigen sich schon erste

S. Wengelski-Strock, *Organisationsentwicklung aus der Praxis für die Praxis,* essentials, https://doi.org/10.1007/978-3-658-31258-9_7

Erkenntnisgewinne in der Beantwortung dieser Frage. Widerstände zeigen sich auf unterschiedlichen Ebenen:

- Im Festhalten an konventionellen Problemlösungsstrategien und dem Wunsch nach Patentrezepten. Das Festhalten kann als eine Form der Angstbewältigung angesehen werden, weil in Veränderungsprozessen tatsächlich die realen Veränderungsfolgen nicht vorhersagbar sind. Der Wunsch nach dem Patentrezept vermeidet die Verantwortungsübernahme für mögliches Scheitern in einem offenen Prozess und drückt die Sehnsucht nach Sicherheit, also frei sein von Angst, aus.
- In der mangelnden Bereitschaft, sich mit Konflikten zu befassen. In Organisationen gibt es oft alte Konflikte, die schon jahrelang mitgeschleppt werden und nicht bearbeitet werden. Das ist einerseits gut zu verstehen, denn viele Konflikte lassen sich nicht lösen, sondern sind lediglich zu gestalten. Sie sind Ausdruck von z. B. Rollenunklarheiten, unterschiedlichen Wertvorstellungen, unterschiedlichen Zugriffsmöglichkeiten auf Ressourcen sowie strukturellen und gesellschaftlichen Gegebenheiten.
- Widerwillen und Spannungen auszuhalten, bis eine neue Sichtweise auftaucht. Bei OE-Prozessen werden Führungskräfte und externe Berater gleichermaßen mit dem Druck konfrontiert, die Veränderung möge dann sofort und in Gänze vollzogen werden. Die notwenige, größere Frustrationstoleranz für das Gehen der kleinen Schritte, die Verlangsamung durch Reflexionsphasen, erscheint zu anstrengend.
- Ungeduld, dem Unbewussten Zeit und Gelegenheit zu bieten, sich zu entfalten. Um die Emotionen, wie die Trauer, sich von Vertrautem zu verabschieden, die Unsicherheit angesichts des Unbekannten, die Lust auf Neues wahrnehmen zu können, werden Räume und Zeit benötigt. Inter- und intrapsychische Prozesse brauchen Zeit und einen Rahmen, der das Sprechen darüber ermöglicht.
- Fehlender Mut, in den zyklischen Prozess der Risikobereitschaft, des Darbens und der neuen Risikobereitschaft einzutreten. Veränderung oder besser gesagt permanente OE braucht Mut, sich immer wieder auf die geforderte Veränderung einzulassen, wie das modische Schlagwort vom „Verlassen der Komfortzone" es ausdrückt.

- Widerwille, Hilfe und Unterstützung zu akzeptieren, um weniger bewusste Anteile zu integrieren (Kinzel 2002, S. 43). Veränderung ist im Organisationskontext keine individuelle Leistung, sondern eine Gemeinschaftserfahrung, die mehr ist als die Summe ihrer Teile. Sie bezieht die gesamte Organisationserfahrung mit ein. Das bedeutet auch, dass Veränderung nur in gegenseitiger Unterstützung und in einem gemeinsamen Lernprozess zu vollziehen ist (Fatzer 2000, S. 199 ff.).

7.2 Ohne Widerstand keine Veränderung

Der wichtigste Punkt im Umgang mit Widerständen ist: Es gibt keine Veränderung ohne Widerstand, denn

- treten keine Widerstände auf, ist das ein Anlass zu Beunruhigung,
- Widerstände enthalten eine verschlüsselte Botschaft, die Ursachen liegen meist im emotionalen Bereich,
- nicht beachten von Widerstand führt zu Blockaden, Denkpausen einschalten,
- mit dem Widerstand gehen und nicht gegen ihn nimmt Druck weg, in Dialog treten, Vorgehen neu festlegen (Doppler und Lauterburg 1995, S. 293 ff.).

Die Arbeit mit dem Widerstand in OE-Prozessen braucht unterschiedliche Komponenten:

Sie braucht Leadership und Managementfunktionen gleichermaßen, die beziehungsorientierte, kreative Führungskompetenz ebenso wie die Klarheit in Abläufen und Entscheidungen (Hegele-Raih 2004, S. 1 ff.). Ohne einen klaren, haltenden Rahmen der Hierarchie und Organisationsstruktur kann sich Kreativität nicht entfalten (Doppler et al. 2017, S. 8). Und das kann nicht oft genug gesagt werden: transparente und klare Kommunikation.

Gleichzeitig hat Widerstand unterschiedliche Tiefenschärfe:

- nicht verstehen – Wissensdefizit
- nicht glauben – emotionales Defizit
- nicht wollen – Vertrauensdefizit (Doppler und Lauterburg 1995, S. 294)

Das Wissensdefizit lässt sich durch bessere Information beheben. Das emotionale Defizit braucht eine andere Antwort: Empathie auf der emotionalen Ebene, Klarheit auf der Sachebene. Menschen wollen auch emotional mitgenommen werden. Das Vertrauensdefizit ist am schwierigsten zu überwinden, weil der Widerstand sich in Gesamtheit gegen die Neuerungen richtet, oft auch gegen die Person der Führungskraft. Es wird von der Veränderung nichts Positives erwartet.

Praxisbeispiel
Im Bild des Veränderungshauses[1] (siehe Abb. 7.1) werden die unterschiedlichen Phasen und Widerstandsquellen anschaulich dargestellt und es bietet ein gutes Medium, dies in Prozessen zu verdeutlichen. Auf diese, leicht humorvolle, Weise werden die individuellen und kollektiven Widerstände transparent gemacht und leichter zu besprechen. Bei einem Leitungswechsel im universitären Bereich gab es erheblichen Widerstand der bisherigen Mitarbeiter gegenüber der neuen Leitung, die mit sehr viel frischem Wind an den Start gegangen war. Über die Arbeit mit dem Veränderungshaus konnte in verschiedenen Reflexionsschleifen die Frustration und Lähmung einerseits und auch die dennoch vorhandene Neugier auf Neues in Sprache gebracht und für den Prozess genutzt werden. Erhaltenswertes wurde sichtbar und geschätzt, notwendige Veränderung bekam Akzeptanz.

Zusammenfassend ist festzuhalten, dass Widerstand etwas Notwendiges ist und auf Stolpersteine aufmerksam machen kann. In einer fehlerfreundlichen Lernkultur eines Unternehmens oder einer Organisation kann mit Beteiligung und transparenter Kommunikation Widerstand gemildert oder transformiert werden. Daher wünsche ich den Leserinnen und Lesern viel Energie und Mut bei ihren Veränderungsvorhaben.

.

---

[1]Der schwedischen Wirtschaftspsychologe Claes Janssen entwickelte das **„House of Change"**.

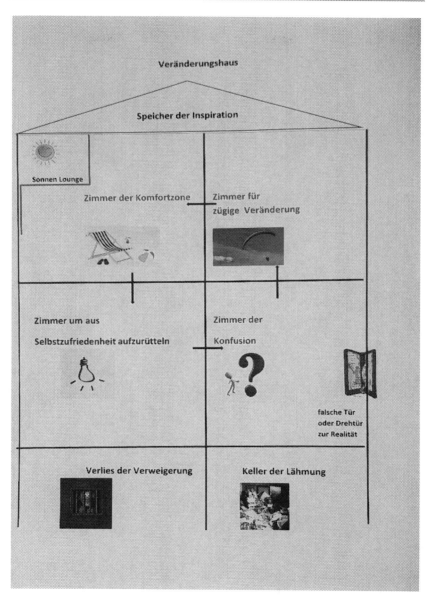

Abb. 7.1 Veränderungshaus

Was Sie aus diesem *essential* mitnehmen können

- Grundgedanken zur Wichtigkeit dauerhafter Organisationsentwicklung
- Praktische Anregungen, um Organisationsentwicklungsprozesse im Unternehmen zu initiieren
- Interessante Perspektiven auf Führungskräfte
- Anleitung zur Konzeptentwicklung
- Aspekte zum Umgang mit Veränderungswiderstand

© Der/die Herausgeber bzw. der/die Autor(en), exklusiv lizenziert durch Springer Fachmedien Wiesbaden GmbH, ein Teil von Springer Nature 2020
S. Wengelski-Strock, *Organisationsentwicklung aus der Praxis für die Praxis*, essentials, https://doi.org/10.1007/978-3-658-31258-9

Literatur

Brown J, Isaacs D (2007) World Café, kreative Zukunftsgestaltung, Auer, Heidelberg

Buchinger K (1998) Supervision in Organisationen, Auer, Heidelberg

Deutinger G (2013) Kommunikation im Change, Springer Gabler, Berlin und Heidelberg

Doppler K, Lauterburg C (1995) Change Management, Campus, Frankfurt und New York

Doppler K, Simon F, Wimmer R (2017) Change im Fluss der Dinge, OrganisationsEntwicklung Nr. 3, ISSN-Nr. 0724-6110, Düsseldorf S 4–11

Fatzer G (2000) Lernen und Lernende Organisation. In: Pühl H Hrsg, Supervision und Organisationsentwicklung, Leske und Budrich, Opladen, S 199–207

Hausinger B (2003) Ökonomie und Arbeit, Dissertation, Universität Kassel

Hegele-Raih C (2004) Was ist Leadership, Harvard Business Manager, https://www.harvardbusinessmanager.de/heft/artikel/a-620896-druck.html. Zugegriffen 18. Juni 2020

Höfler M, Bodinghausen D, Dolleschall H, Schwarenthorer F u. a. (2012) Abenteuer Change Management, FAZ Institut für Management, Frankfurt am Main

Jungk R, Müllert N (1989) Zukunftswerkstätten, Heyne, München

Kinzel C (2002) Arbeit und Psyche, Kohlhammer, Stuttgart

Maleh C Hrsg (2002) Open Space in der Praxis, Beltz, Weinheim und Basel

Serhane W (2008) Das Gedankendreieck. In Ahlers- Niemann A, Beumer U, Redding Mersky R, Sievers B Hrsg (2008) Organisationslandschaften, Kohlhage, Bergisch Gladbach S 163–185

Thiel HU (2000) Widerstand gegen Veränderung in Supervision und Organisationsberatung. In: Pühl H Hrsg, Supervision und Organisationsentwicklung, Leske und Budrich, Opladen, S 228–245

© Der/die Herausgeber bzw. der/die Autor(en), exklusiv lizenziert durch Springer Fachmedien Wiesbaden GmbH, ein Teil von Springer Nature 2020
S. Wengelski-Strock, *Organisationsentwicklung aus der Praxis für die Praxis,* essentials, https://doi.org/10.1007/978-3-658-31258-9

Printed in the United States
By Bookmasters